丝路汉语系列教材

丛书顾问： 西安市人民政府外事办公室

编委会

丝路汉语系列教材

董洪杰　总主编

中国文学

刘　宁　编著

Chinese Literature

暨南大学出版社
JINAN UNIVERSITY PRESS

中国·广州

图书在版编目（CIP）数据

中国文学/刘宁编著．—广州：暨南大学出版社，2021.5
（丝路汉语系列教材/董洪杰总主编）
ISBN 978-7-5668-3053-1

Ⅰ.①中…　Ⅱ.①刘…　Ⅲ.①中国文学—汉语—对外汉语教学—教材　Ⅳ.①H195.4

中国版本图书馆 CIP 数据核字（2020）第 223820 号

中国文学
ZHONGGUO WENXUE
编著者：刘　宁

出 版 人：张晋升
策划编辑：杜小陆　黄志波
责任编辑：陈绪泉
责任校对：周海燕　林　琼
责任印制：周一丹　郑玉婷

出版发行：暨南大学出版社（510630）
电　　话：总编室（8620）85221601
　　　　　营销部（8620）85225284　85228291　85228292　85226712
传　　真：（8620）85221583（办公室）　85223774（营销部）
网　　址：http://www.jnupress.com
排　　版：广州良弓广告有限公司
印　　刷：广州一龙印刷有限公司
开　　本：787mm×1092mm　1/16
印　　张：14.125
字　　数：297 千
版　　次：2021 年 5 月第 1 版
印　　次：2021 年 5 月第 1 次
定　　价：75.80 元

总　序

国际中文教育经历了过去几十年的蓬勃发展，已经取得了骄人的成绩。其重要表现除学生数量的迅速增加之外，更有学生学习质量的提高，具体表现之一是学习需求在广度上不断延展，日趋多元化；在专业化方面也有追求精深的趋势。如何编写适用于不同专业领域、满足不同学习者语言和知识需求的教材，是国际中文教育面临的一大挑战。西安文理学院文学院的教师们在过去多年教学经验的基础上，于近期研发了针对不同专业学生需求的人文类分众化系列教材，希冀能将语言学习和专业领域知识的探索有机结合起来，在语言平台上作适当延展，以达到更好地满足不同学习者，特别是高年级学习者多元化中文学习需要的目的。

为了编写好这套针对留学生的专业化、分众化教材，丝路汉语系列教材编委会的教师们在对国内相关教材需求和发展现状进行调查的基础上，听取各方意见，结合各自专长，从中国文学、中国历史、中国艺术、中国电影、旅游汉语、幼儿汉语、汉字文化、商务汉语等不同角度着眼，完成了这套汉语教材。

这一系列教材的主要特点首先是主题多样化。因涉及不同学科门类，所以在编写体例上不追求整齐划一，但作为丝路汉语系列教材，在内容上均立足西安，辐射全国，兼具地域性和普遍性。其次，广泛吸收各领域最新的研究成果和相关教材的既有优长，通过“读一读”等补充材料使教材兼具科学性和典型性。再次，图文并茂、生动形象地解释和说明学生不熟悉的文化内容；叙述力求深入浅出，充分体现汉语和中国文化对外传播的新理念，具有较强的可读性和传播价值。最后，有些教材设计了实践部分，如让学生自己动手，制作与课文内容相关的艺术作品等；有些教材增加了“看一看”部分，有意识地将书本学习与参观古迹、博物馆等课外活动有机结合起来，以期调动学生的学习积极性，充分利用本地文化资源提高学生的感性认识。

简言之，丝路汉语系列教材在编写方面作出了一些新的尝试和有益的探索，值得引起业内同行的关注。

梁　霞

2020 年底于圣路易斯

（梁霞，美国华盛顿大学东亚系教学教授、中文语言项目负责人，美国中文教师学会理事）

前　言

随着汉语在国际上的推广，世界各地学习汉语的人越来越多，其中有相当一部分外国学习者希望到中国高等院校接受学历教育，也有很多外国学习者的汉语学习具有明确的专业性，我们认为，对于这些学习者的需求应该给予一定的重视。同时，我们也考虑到外国学习者在进行专业学习的过程中应该系统了解中国文化，包括中国文学、中国历史、中国哲学、中国艺术、中国建筑等，为此我们编写了这套丝路汉语系列教材。

《中国文学》共选入 48 篇文学作品，这些作品是中国从古至今的经典文学作品，其中古代文学作品 24 篇，现代文学作品 12 篇，当代文学作品 12 篇。这些作品文学造诣高超，文化内涵深厚。本教材大体按照作品创作时间、作品体裁等因素，以经典作品为中心建构编写框架，注重经典文学作品的审美作用，注重弘扬中华文化。本教材以点的深入、线的贯穿、面的拓展，将作家介绍、作品研读与赏析、体裁与题材流变结合起来，便于外国学习者了解并感受中国文学作品的魅力。

本教材中配以多样的课后练习，辅以注释，力求保证使用者对中国经典文学作品理解准确、印象深刻。教材设有附录“中国历史年代简表”，旨在帮助外国学习者了解中国历史的发展、朝代的更替，以及中国文学发展演变的历史背景。

本教材适用对象为汉语水平达到中高级的外国学习者，他们已经有多年的汉语学习经历，掌握了 1 500 个常用汉字，能够使用汉语进行基础写作与表达。这门课程的开设，可以帮助这些外国学习者深入了解中国文学，感受中国文学的魅力及其文化价值，进一步提高他们的汉语水平。

刘　宁

2020 年 8 月

中国文学

目录

contents

古代文学

（先秦—1919）

Chinese literature

中国文学

第一课

精卫[1]填海

发鸠之山[2]，其上多柘木[3]，有鸟焉，其状[4]如乌[5]，文首[6]，白喙，赤足，名曰“精卫”，其鸣自詨[7]。是炎帝之少女[8]，名曰“女娃”。女娃游于东海，溺而不返，故[9]为精卫。常衔西山之木石，以堙[10]于东海。

（《山海经·北山经》）

【注释】

①精卫：一种鸟。
②发鸠之山：古代传说中的山名。
③柘（zhè）木：柘树，桑树的一种。
④状：形状。
⑤乌：乌鸦。
⑥文首：头上有花纹。文，同“纹”，花纹。
⑦其鸣自詨（xiāo）：它的叫声像是在呼唤自己的名字。
⑧炎帝之少女：炎帝的小女儿。
⑨故：所以。
⑩堙：填塞。

【译文】

发鸠山，山上长了很多柘树。树林里有一种鸟，它的形状像乌鸦，头上羽毛有花纹，白色的嘴，红色的脚，名叫精卫，它的叫声像在呼唤自己的名字。这其实是炎帝的小女儿，名叫女娃。有一次，女娃去东海游玩，溺水身亡，就化成了精卫鸟。精卫鸟经常叼着西山上的树枝和石块，用来填塞东海。

相关知识

一、什么是神话

马克思说："任何神话都是用想象和借助想象以征服自然力、支配自然力，把自然力加以形象化。"神话是"通过人民的幻想，用一种不自觉的艺术方式加工过的自然和社会形式本身"。神话是由人民集体口头创作，属民间文学的范畴。

二、《山海经》是一部怎样的书

《山海经》是中国现存最早的地理书。全书共十八卷，由山经、海外经、海内经、大荒经构成，记述了海内外山川、物产、邦国、族群等，涉及灵怪与神兽，保存了中国古代大量的神话材料。

三、中国神话与中华民族特征

从中国神话解说中华民族特征（节选）

［美］大卫·查普曼

我们的神话里，火是上帝赐予的；希腊神话里，火是普罗米修斯偷来的；而在中国的神话里，火是他们钻木取火坚韧不拔摩擦出来的！（钻木取火）这就是区别，他们用这样的故事告诫后代，与自然作斗争。

面对末日洪水，我们在诺亚方舟里躲避，但中国人的神话里，他们的祖先战胜了洪水。看吧，仍然是斗争，与灾难作斗争。（大禹治水）

如果你们去读一下中国神话，你就会觉得他们的故事很不可思议，抛开故事情节，找到神话里表现的文化核心，你就会发现，只有两个字：抗争！假如有一座山挡在你的门前，你是选择搬家还是挖隧道？显而易见，搬家是最好的选择。然而在中国的故事里，他们却把山搬开了。（愚公移山）可惜，这样的精神内核，我们的神话里却不存在，我们的神话是听从神的安排。

每个国家都有太阳神的传说，在部落时代，太阳神有着绝对的权威，纵览所有太阳神的神话你会发现，只有中国人的神话里有敢于挑战太阳神的故事：有一个人因为太阳太热，就去追太阳，想要把太阳摘下来。（夸父逐日）当然，最后他累死了——我听到很多人在笑，这太遗憾了，因为你们笑这个人不自量力，正是证明了你们没有挑战困难的意识。但是中国的神话里，人们把他当作英雄来传颂，因为他敢于和看起来难以战胜的力量作斗争。

在另一个故事里，他们终于把太阳射下来了。（后羿射日）

一个女孩被大海淹死了，她化作一只鸟复活，想要把海填平——这就是抗争！（精卫填海）

一个人因为挑战天帝的神威被砍下了头，可他没死，而是挥舞着斧子继续斗争！（刑天舞干戚）

中国人的祖先用这样的故事告诉后代：可以输，但不能屈服。中国人听着这样的神话故事长大，勇于抗争的精神已经成为遗传基因，他们自己意识不到，但会像祖先一样坚强。因此你们现在再想到中国人倔强的不服输精神，就容易理解了，这是中国屹立至今的原因。

四、中国神话的文学意义

中国神话主要保存在《山海经》中，其余散见于经、史、子、集等各类文献中。这些材料只是片段，不具有完整的故事情节。中国神话以其博大精深的意蕴、生动活泼的表现力和大胆的想象力，为中国后世文学奠定了基础。神话本身因其隐喻性和形象性而具有鲜明的文学性，它的母题、情节、形象等，为后世各类文学作品所借鉴。在后世文学中，我们能看到神话精神的延续、光大。神话对文学的影响主要表现在两个方面：一是作为文学创作的素材，一是直接影响文学创作的思维方式、表现手法、欣赏效果等。

课堂训练

请学生们讲一个自己听过的神话，分享自己对神话的认识。

综合练习

1．掌握下列词语。

神话　想象　形象　母题　经史子集　山海经　精卫填海　夸父逐日
大禹治水　后羿射日　钻木取火　愚公移山　刑天舞干戚　抗争　精神

2．掌握下列句型。

……是……

面对……

如果……，就……

……告诉我们……

3．写出自己听过的一个神话故事。

4．总结《精卫填海》这个中国神话故事所反映的中华民族精神。

5．了解《山海经》中的怪鸟神兽：凤凰、青鸟、比翼鸟、兕。

6．中国神话与希腊神话有什么不同？

阅读材料

夸父与日逐走，入日。渴，欲得饮，饮于河、渭；河、渭不足，北饮大泽。未至，道渴而死。弃其杖，化为邓林。

（《山海经·海外北经》）

洪水滔天，鲧窃帝之息壤以堙洪水，不待帝命。帝令祝融杀鲧于羽郊。鲧复生禹，帝乃命禹卒布土以定九州。

（《山海经·海内经》）

刑天与帝争神。帝断其首，葬之常羊之山。乃以乳为目，以脐为口，操干戚以舞。

（《山海经·海外西经》）

第二课

学而时习之

子[①]曰："学而时习[②]之，不亦说[③]乎？有朋[④]自远方来，不亦乐[⑤]乎？人不知[⑥]而不愠[⑦]，不亦君子[⑧]乎？"

（《论语·学而》）

【注释】

①子：先生，指孔子。中国古代对于有地位、有学问的男子的尊称，有时也泛称男子。

②习：指演习礼、乐；复习诗、书。也含有温习、实习、练习的意思。

③说（yuè）：通"悦"字，意思是愉快。

④朋：上古时代"朋"和"友"是有区别的，同门为朋，同志为友。这里指志同道合的人。

⑤乐：音（lè），与"说"有所区别。悦在内心，乐则见于外。

⑥人不知：别人不了解（自己）。

⑦愠（yùn）：生气，发怒。

⑧君子：指有才德的人。

【译文】

孔子说："学习后经常温习所学的知识，不也很令人愉悦吗？有志同道合的人从远方来，不也很高兴吗？别人不了解我我却不生气，不也是道德上有修养的人吗？"

相关知识

一、孔子简介

孔子（前551—前479），名丘，字仲尼，春秋末期鲁国陬邑（今山东曲阜）人，中国古代著名的思想家、教育家，儒家学派创始人。

二、《论语》是一部怎样的书

《论语》由孔子弟子及再传弟子编写而成，至战国前期成书。全书共20篇492章，以语录体为主，主要记录孔子及其弟子的言行，较为集中地反映了孔子的政治主张、伦理思想、道德观念及教育原则等。此书是儒家学派的经典著作之一，与《大学》《中庸》《孟子》合称“四书”。

三、孔子与中国文化

论孔子与中国文化（节选）

张岱年

孔子的学说何以能发生这样巨大的影响呢？这首先是由于孔子继承、总结了原始社会后期以来和夏商周三代的文化传统。我们现在看孔子，觉得他已经是年代久远了，事实上在孔子以前，中国文化已经有二三千年的漫长历史。韩非说：“殷周七百余岁，虞夏二千余岁。”（《韩非子·显学》）近人或谓应作虞夏七百余岁，殷周二千余岁。尧舜虽然是传说中的人物，但未必出于虚构。孔子自称“述而不作，信而好古”，又说：“周监于二代，郁郁乎文哉！”孔子一生的工作正是对于尧舜以来夏商周三代的文化成就进行了一番系统的整理，作出了一次重要的总结。孟子称赞孔子为“集大成”，即意谓孔子总结了上古时代的文化思想。孔子的学说不是凭空提出的，而是有其深厚的历史基础。唯其如此，所以能够对后来文化的发展产生深远的影响。

在古代，孔子是一个继往开来的人物，一方面对于过去的文化进行了一次系统的总结，另一方面又开创了文化发展的新局面。从孔子开始，私人讲学蔚然成风；到战国时代，百家争鸣的盛况蓬勃兴起了。

孔子的哪些思想观点为中国文化的发展提供了思想基础呢？这主要有三点。第一，积极乐观的有为精神；第二，对于道德价值的高度重视；第三，开创了重视历史经验的优良传统。

四、孔庙

孔庙即孔子庙，是纪念孔子的祠庙建筑。在中国古代建筑类型中，堪称最为突出的一种，是中国古代文化遗产中极其重要的组成部分。

曲阜孔庙初建于鲁哀公十七年（前478），是第一座祭祀孔子的庙宇，为孔庙的本庙。本庙以孔子的故居为庙，以皇宫的规格而建，是中国三大古建筑群之一，在世界建筑史上占有重要地位。1994 年 12 月，曲阜孔庙、孔林、孔府根据世界文化遗产遴选标准 C（I）（IV）（VI）入选《世界遗产名录》。

课堂训练

1. 讨论：你所了解的孔子。

2. 介绍一位本民族文化发展史上的重要人物。

综合练习

1. 掌握下列词语。

政治主张　伦理思想　道德观念　教育原则　四书　五经　儒家学派　孔子

2. 掌握下列句型。

一方面……，另一方面……

从……开始，……

3．写一段话，介绍孔子的主要思想。

阅读材料

子曰："巧言令色，鲜矣仁！"

（《论语·学而》）

子曰："为政以德，譬如北辰居其所而众星共之。"

（《论语·为政》）

子曰："诗三百，一言以蔽之，曰：'思无邪。'"

（《论语·为政》）

子曰："见贤思齐焉，见不贤而内自省也。"

（《论语·里仁》）

子曰："君子和而不同，小人同而不和。"

（《论语·子路》）

第三课

老子（第一章）

道可道，非常道①；名可名，非常名②。无，名天地之始；有，名万物之母③。故常无，欲以观其妙；常有，欲以观其徼④。此两者，同出而异名，同谓之玄⑤。玄之又玄，众妙之门。

【注释】

①第一个“道”字是人们习称之道，即今人所谓“道理”。第二个“道”字是言说的意思。第三个“道”字是老子哲学中的专有名词，在本章它意指构成宇宙的实体与动力。“常”，马王堆汉墓帛书《老子》甲、乙本均作“恒”，“常道”之“常”，为真常、永恒之意。

②第一个“名”是指具体事物的名称。第二个“名”是称谓的意思，作动词使用。第三个“名”是老子哲学特用术语，是称“道”之名。

③母：母体，根源。

④徼（jiǎo）：边际，边界。引申为端倪的意思。

⑤玄：深黑色，这里是幽昧深远的意思。

【译文】

可以用言词表达的道，就不是常道；可以说得出来的名，就不是常名。无，是天地的本始；有，是万物的根源。所以常从无中去观照道的奥妙；常从有中去观照道的端倪。无和有这两者，同一来源而不同名称，都可以说是很幽深的。幽深又幽深，是一切奥妙的门径。

相关知识

一、老子简介

老子（约前571—前471），名耳，字聃，春秋后期楚国苦县人，曾为周王朝守藏室之史，是一位学问深厚、知识渊博的人。著有《老子》（即《道德经》），是道家学派的鼻祖。

二、《老子》是一部怎样的书

《老子》是一部智慧之书，集中反映了老子的哲学思想。老子哲学的理论基础是“道”，在探索宇宙原始，追寻万物本源时，提出了一系列以静制动、以退为进、以柔克刚、以无为为有为的治世方略和处世哲学，并以此作为平息争斗、安定天下的根本法宝。

三、《老子》的文学特色

《老子》各章多为箴言体，将含蕴深厚的哲理凝练于简洁、整齐而富于韵律的语句中，既耐人寻味，又便于吟咏。如第九章：“持而盈之，不如其已；揣而锐之，不可长保；金玉满堂，莫之能守；富贵而骄，自遗其咎；功遂身退，天之道也。”四言一句，两句一组，共五组，分别从持有、彰显、财富、权位、功业几个方面作出警示或强调。《老子》语言简练，思想深邃，如“上善若水”（第八章）、“少私寡欲”（第十九章）、“弱之胜强，柔之胜刚”（第七十八章）、“祸莫大于不知足，咎莫大于欲得”（第四十六章）。《老子》各章中多用比喻，诸如“治大国若烹小鲜”（第六十章）。有些章节连续运用比喻，显示出归纳、概括、深化的思理过程。如第十一章：“三十辐共一毂，当其无，有车之用。埏埴以为器，当其无，有器之用。凿户牖以为室，当其无，有室之用。故有之以为利，无之以为用。”

四、陈鼓应谈《老子》

陈鼓应谈《老子》(节选)①

陈鼓应

就道家而言,《老子》凡事皆要追究“本”“根”“宗”。在艰难困苦的人生旅程中,老子提倡柔韧、坚忍不拔,总能给人以鼓舞,所谓“进道若退”。老子的思想,看似柔弱,实则坚韧,这也是它的魅力所在。所以,读《老子》不仅能得到理性思维,也能满足人的情怀。唐玄宗时期,《老子》被翻译成梵文,它是最早被翻译成外文的中国典籍。

课堂训练

1. 朗读《老子》第一章并背诵。

2. 讨论:人与自然的关系。

综合练习

1. 掌握下列词语。

世界观　人生观　道德　原则　规律　道法自然　上善若水　无为而治

天人合一　知白守黑　大智若愚　知足常乐

① 2018 年 11 月 24—25 日“第十届海峡两岸国学论坛”召开,会后凤凰网专访陈鼓应。

2. 掌握下列句型。

在……中，……

看似……，实则……

3. 总结老子思想中"道"的含义。

4. 你认为现代中国人的哪些做法最符合老子的思想？

阅读材料

道生一，一生二，二生三，三生万物。万物负阴而抱阳，冲气以为和。

人之所恶，唯孤、寡、不穀，而王公以为称。故物或损之而益，或益之而损。人之所教，我亦教之。强梁者不得其死，吾将以为教父。

（《老子·第四十二章》）

小国寡民。使有什伯之器而不用；使民重死而不远徙。虽有舟舆，无所乘之；虽有甲兵，无所陈之。使民复结绳而用之。

甘其食，美其服，安其居，乐其俗。邻国相望，鸡犬之声相闻，民至老死不相往来。

（《老子·第八十章》）

第四课

揠苗助长

宋人有闵[①]其苗之不长而揠[②]之者，芒芒然[③]归[④]，谓其人[⑤]曰："今日病矣[⑥]！予助苗长矣！"其子趋[⑦]而往视之，苗则槁[⑧]矣。

（《孟子·公孙丑上》）

【注释】

①闵：同"悯"，担心，忧虑。
②揠（yà）：拔。
③芒芒然：疲劳的样子。
④归：回家
⑤其人：他家里的人。
⑥病矣：累极了。
⑦趋：急行，跑。
⑧槁（gǎo）：枯槁，枯死。

【译文】

宋国有个人担忧他的禾苗长不高而把禾苗往上拔，一天下来十分疲劳，回到家对他的家人说："今天我太累了，我帮助禾苗长高了！"他儿子听说后急忙赶到地里去看，禾苗已经都枯萎了。

相关知识

一、什么是寓言

寓言是用比喻性的故事来寄托意味深长的道理，给人以启示的文学体裁。字数不多，但言简意赅。故事的主人公可以是人，也可以是拟人化的动植物或其他事物。寓言早在中国春秋战国时期就已经盛行，当时一些思想家为了阐明自己的观点，往往用鲜明生动的寓言故事代替议论进行激烈的辩论。

二、孟子及其著作

孟子（约前372—前289），名轲，字子舆，战国时期邹（今山东邹城东南）人，著名的思想家、教育家，是孔子之后儒家学派的代表人物。孟子主张“王道”“仁政”，并提出“民贵君轻”“性善”等观点。《孟子》的文章大都采用对话形式，论辩说理酣畅淋漓，常用夸张、比喻和寓言故事增强说服力。其中的寓言，文字简短，绘声绘色，非常生动。

三、《揠苗助长》寓言故事的意义

这个寓言故事告诉人们，遵守客观规律才能把事情做好。反之，单凭自己的主观愿望去做事，即使有善良的愿望、美好的动机，结果也只能是适得其反。这个寓言也说明了“欲速则不达”。

课堂训练

1. 朗读课文。

2. 将这篇寓言故事改编成简单的剧本，用现代文来编写。
剧中人物有两个，甲：宋国人，乙：宋国人儿子。
剧中场景有两个，场景一：农田里，场景二：家里。

3. 请两位学生分角色表演。

综合练习

1. 掌握下列词语。
寓言　酣畅淋漓　绘声绘色　枯槁　意味深长　言简意赅　揠苗助长

2. 掌握下列句型。
可以是……，也可以是……

为了……，往往……

3. 请思考，当儿子把“禾苗都枯死了”的消息告诉这个宋国人时，他会怎么想？怎么说？他的心情如何？

4. 生活中的哪些现象也可以说是“揠苗助长”？其产生的原因是什么？就此话题写一篇短文。

阅读材料

孟子曰："仁之胜不仁也，犹水胜火。今之为仁者，犹以一杯水救一车薪之火也；不熄，则谓之水不胜火。此又与于不仁之甚者也，亦终必亡而已矣。"

（《孟子·告子上》）

有人攘其邻之鸡者。或告之曰："是非君子之道。"曰："请损之，月攘一鸡，以待来年，然后已。"——如知其非义，斯速已矣，何待来年？

（《孟子·滕文公下》）

第五课

东施[①]效[②]颦[③]

故西施[④]病心而颦其里[⑤]，其里之丑人见而美[⑥]之，归[⑦]亦捧心而颦其里。其里之富人见之，坚[⑧]闭门而不出；贫人见之，挈[⑨]妻子[⑩]而去走。

（《庄子·天运》）

【注释】

①东施：越国的丑女。
②效：仿效，模仿。
③颦（pín）：皱着眉头。
④西施：越国的美女。
⑤其里：同一个村里；同一个乡里。
⑥美：动词，以……为美。
⑦归：返回，回去。
⑧坚：紧紧地。
⑨挈：本意是用手提着，在此处是带领的意思。
⑩妻子：妻子和子女。

【译文】

西施心口疼痛，皱着眉头从乡里走过，与她同乡的一个丑女（东施）看见了，觉得西施皱眉的样子很美，也捂着胸口皱着眉头在乡里走。乡里的有钱人看见了（东施的样子），紧闭家门不出来；穷人看见了（东施的样子），带着妻子儿女跑开了。

相关知识

一、庄子简介

庄子（约前369—前286），名周，宋国蒙人，战国中期思想家、哲学家、文学家，是继老子之后道家学派的代表人物。

二、《庄子》是一部怎样的书

《庄子》是战国中期庄子及其后学所著。此书与《老子》《周易》合称“三玄”。《庄子》一书主要反映了庄子的思想，内容丰富，博大精深，涉及哲学、人生、政治、社会、艺术、宇宙生成等诸多问题。《庄子》由内篇、外篇、杂篇三部分构成，共三十三篇。其中，内篇七篇、外篇十五、杂篇十一，大小寓言两百多则。

三、《庄子》一书的文学性

《庄子》一书，想象奇幻，构思巧妙，描绘了多彩的思想世界和文学意境。文笔汪洋恣肆，具有浪漫主义的艺术风格，瑰丽诡谲，意出尘外，是先秦诸子文章的典范之作。鲁迅先生说：“其文则汪洋辟阖，仪态万方，晚周诸子之作，莫能先也。”

四、《东施效颦》寓言的意义

这则寓言告诉我们，不明白事物的究竟，胡乱模仿，结果只能适得其反，像东施那样招致众人的厌恶。“知其然”还要“知其所以然”，否则就会在日常生活中出洋相、闹笑话。

课堂训练

讨论：东施为什么捂着胸口、皱着眉头在村中走？

综合练习

1. 掌握下列词语。

丰富　博大精深　想象奇幻　构思巧妙　汪洋恣肆　瑰丽诡谲　意出尘外

2. 掌握下列句型。

……由……构成

……涉及……

3. 联系生活，谈谈自己对这个寓言的体会。

阅读材料

昔者庄周梦为胡蝶，栩栩然胡蝶也，自喻适志与！不知周也。俄然觉，则蘧蘧然周也。不知周之梦为胡蝶与，胡蝶之梦为周与？周与胡蝶，则必有分矣。此之谓物化。

（《庄子·齐物论》）

庄子与惠子游于濠梁之上。庄子曰："儵鱼出游从容，是鱼之乐也？"惠子曰："子非鱼，安知鱼之乐？"庄子曰："子非我，安知我不知鱼之乐？"惠子曰："我非子，固不知子矣；子固非鱼也，子之不知鱼之乐，全矣。"庄子曰："请循其本。子曰'汝安知鱼乐'云者，既已知吾知之而问我，我知之濠上也。"

（《庄子·秋水》）

第六课

关　雎

关关[①]雎鸠[②]，在河之洲。窈窕淑女[③]，君子好逑[④]。
参差[⑤]荇菜[⑥]，左右流之。窈窕淑女，寤寐[⑦]求之。
求之不得，寤寐思服。悠哉悠哉[⑧]，辗转[⑨]反侧。
参差荇菜，左右采之。窈窕淑女，琴瑟友之。
参差荇菜，左右芼[⑩]之。窈窕淑女，钟鼓乐之[⑪]。

【注释】

①关关：象声词，雌雄二鸟相互应和的叫声。

②雎鸠（jū jiū）：一种水鸟名，即王雎。

③窈窕（yǎo tiǎo）淑女：贤良美好的女子。窈，深邃，喻女子心灵美；窕，幽美，喻女子仪表美。淑，好，善良。

④好逑（hǎo qiú）：好的配偶。逑，“仇”的假借字，匹配。

⑤参差：长短不齐的样子。

⑥荇（xìng）菜：水草类植物。圆叶细茎，根生水底，叶浮在水面，可供食用。

⑦寤寐（wù mèi）：醒和睡。指日夜。寤，睡醒。寐，入睡。

⑧悠哉（yōu zāi）悠哉：意为“悠悠”，就是长。这句是说思念绵绵不断。

⑨辗转：即反侧，犹翻覆。

⑩芼（mào）：择取，挑选。

⑪钟鼓乐之：用钟鼓奏乐来使她快乐。乐，使动用法，使……快乐。

【译文】

关关和鸣的雎鸠，相伴在河中小洲。美丽贤淑的女子，真是君子好配偶。
参差不齐的荇菜，左边右边不停采。美丽贤淑的女子，梦中醒来难忘怀。
美好愿望难实现，醒来梦中都思念。想来想去思不断，翻来覆去难入眠。
参差不齐的荇菜，左边右边不停摘。美丽贤淑的女子，奏起琴瑟表亲爱。
参差不齐的荇菜，左边右边去拔它。美丽贤淑的女子，鸣钟击鼓取悦她。

相关知识

一、《诗经》是一部怎样的诗集

《诗经》是中国第一部诗歌总集，原名《诗》，或称“诗三百”，共有 305 首诗作（另有 6 篇笙诗，有目无词），全书主要收集了西周初至春秋中叶五百年间的作品，大约在公元前 6 世纪编定成书。诗篇产生的地域以黄河流域为中心，南到长江流域，分布在今陕西、甘肃、山西、山东、河北、河南、安徽、湖北等地。《诗经》分为风、雅、颂三部分，郑樵在《通志·总序》中说：“风土之音曰风，朝廷之音曰雅，宗庙之音曰颂。”①

二、《关雎》写了什么

《关雎》是《诗经》中的第一首诗，这是一首描写男女恋爱的诗篇。此诗在艺术上巧妙地采用了“兴”的表现手法。首章以雎鸠鸟和鸣、相依相恋兴起淑女配君子的联想，以下各章又以采荇菜这一行为兴起男子对女子的思慕与追求。全诗语言优美，善于运用双声、叠韵和重叠词，增强了诗歌的音韵美。此诗写人状物生动传神。

三、《关雎》在中国传统文化中的意义有哪些

在中国传统文化中，《关雎》这首诗被当作表现夫妇之德的典范。这首诗的特点主

① 郑樵：《通志》，北京：中华书局，1987 年，第 2 页。

要有：首先，它所写的爱情，一开始就有明确的婚姻目的，最终又归于婚姻的美满，不是青年男女之间短暂的交往。这种明确指向婚姻、表示负责任的爱情，更为社会所赞同。其次，它所写的男女双方，分别是“君子”和“淑女”，表明这是一种与美德相联系的结合。“君子”是兼有地位和德行双重意义的，“窈窕淑女”也是兼有体貌之美和德行之善的。这里“君子”与“淑女”的结合，代表了一种理想婚姻。最后，诗篇写了恋爱行为的节制性。“君子”对“淑女”的思慕，表现出的行为仅仅是君子的“辗转反侧”。这样的恋爱，既有真实的感情，又平和而有分寸。

课堂训练

1. 朗读并背诵《关雎》。

2. 讨论：你的爱情观是什么？

综合练习

1. 掌握下列词语。

诗经　风　雅　颂　祭祀　爱情　婚姻　君子　淑女　家庭　典范

2. 谈谈自己对家庭中丈夫、妻子、父母、子女等成员的角色认识。

阅读材料

我送舅氏，曰至渭阳。何以赠之？路车乘黄。
我送舅氏，悠悠我思。何以赠之？琼瑰玉佩。

（《诗经·秦风·渭阳》）

投我以木瓜，报之以琼琚。匪报也，永以为好也。
投我以木桃，报之以琼瑶。匪报也，永以为好也。
投我以木李，报之以琼玖。匪报也，永以为好也。

（《诗经·卫风·木瓜》）

第七课

归园田居（其三）

（晋）陶渊明

种豆南山下，草盛豆苗稀[①]。
晨兴[②]理荒秽[③]，带月荷锄[④]归。
道狭[⑤]草木长[⑥]，夕露沾[⑦]我衣。
衣沾不足惜，但使愿无违[⑧]。

【注释】

①稀：稀少。
②兴：起，这里是起床的意思。
③荒秽：荒芜，指豆苗里的杂草。秽：肮脏。这里指田中杂草。
④荷锄：扛着锄头。荷，扛着。
⑤狭：狭窄。
⑥长：生长。
⑦沾：（露水）打湿。
⑧违：违背。

【译文】

我在南山下种豆子，地里野草茂盛而豆苗稀疏。我清早起来到地里铲除杂草，直到夜幕降临才披着月光扛着锄头归去。狭窄的山径草木丛生，夜露沾湿了我的衣服。衣衫被沾湿并不可惜，只希望不违背我躬耕田园的心意。

相关知识

一、作者简介

陶渊明（约365—427），字元亮（又一说名潜，字渊明），号五柳先生，谥“靖节”，浔阳柴桑（今江西九江）人，东晋文学家。现存诗125首、文12篇，后人编有《陶渊明集》。

二、陶渊明与田园诗

陶渊明是田园诗的开创者。他的田园诗以纯朴自然的语言、高远脱俗的意境，为中国诗坛开辟了新天地，并直接影响了唐代田园诗派。在他的田园诗中，随处可见的是他对污浊官场的厌烦和对恬静的田园生活的热爱。因为有实际劳动经验，所以他的诗中洋溢着劳动者的喜悦，表现出劳动者的思想与感情，如《归园田居》（其三），这正是他的田园诗的进步之处。

三、陶渊明诗歌的艺术特色

陶渊明的诗歌语言平淡，但又富有情致和趣味。梁实秋曰：“绚烂之极归于平淡，但是那平不是平庸的平，那淡不是淡而无味的淡，那平淡乃是不露斧凿之痕的一种艺术韵味。”陶渊明诗如农家口语，但塑造出来的艺术形象却生动鲜明。苏轼说：“渊明诗初视若散缓，熟读有奇趣。如‘暧暧远人村，依依墟里烟。狗吠深巷中，鸡鸣桑树颠。’又曰：‘采菊东篱下，悠然见南山。’大率才高意远，则所寓得奇妙，遂能如此，如大匠运斤，无斧凿痕，不知者则疲精力，至死不悟。”

课堂训练

1. 朗读并背诵《归园田居》（其三）。

2. 说一说对这首诗的理解。

综合练习

1. 掌握下列词语。

荒秽　田园

2. 掌握下列句型。

因为……，所以……

……表现出……

3. 请描写家乡的自然景色。

4. 默写这首诗。

阅读材料

结庐在人境，而无车马喧。
问君何能尔？心远地自偏。
采菊东篱下，悠然见南山。
山气日夕佳，飞鸟相与还。
此中有真意，欲辨已忘言。

［陶渊明《饮酒》（其五）］

晋太元中，武陵人捕鱼为业，缘溪行，忘路之远近。忽逢桃花林，夹岸数百步，中无杂树，芳草鲜美，落英缤纷；渔人甚异之。复前行，欲穷其林。林尽水源，便得一山。山有小口，仿佛若有光；便舍船，从口入。初极狭，才通人；复行数十步，豁然开朗。土地平旷，屋舍俨然，有良田美池桑竹之属，阡陌交通，鸡犬相闻。其中往来种作，男女衣着，悉如外人；黄发垂髫，并怡然自乐。

见渔人，乃大惊。问所从来，具答之。便要还家，设酒杀鸡作食。村中闻有此人，咸来问讯。自云先世避秦时乱，率妻子邑人来此绝境，不复出焉，遂与外人间隔。问今是何世，乃不知有汉，无论魏晋。此人一一为具言所闻，皆叹惋。余人各复延至其家，皆出酒食；停数日，辞去。此中人语云："不足为外人道也。"

既出，得其船，便扶向路，处处志之。及郡下，诣太守，说如此。太守即遣人随其往，寻向所志，遂迷，不复得路。南阳刘子骥，高尚士也，闻之，欣然规往。未果，寻病终。后遂无问津者。

（陶渊明《桃花源记》）

第八课

山居秋暝①

(唐) 王　维

空山②新③雨后，天气晚来秋。
明月松间照，清泉石上流。
竹喧归浣④女⑤，莲动下渔舟。
随意⑥春芳⑦歇⑧，王孙⑨自可留。

【注释】

①暝（míng）：日落，天色将晚。
②空山：空旷、空寂的山野。
③新：刚刚。
④浣（huàn）：洗涤衣物。
⑤“竹喧”句：意思是姑娘们洗好衣服后结伴归来，竹林中传出一阵喧笑。
⑥随意：任凭。
⑦春芳：春天的花草。
⑧歇：消散，消失。
⑨王孙：原指贵族子弟，后来也泛指隐居的人。

【译文】

空旷的群山沐浴了一场新雨，夜晚降临使人感到已是初秋。皎皎明月从松隙间洒下清光，清清泉水在山石上淙淙淌流。竹林喧响知是洗衣姑娘归来，莲叶轻摇想是上游荡下轻舟。春日的芳菲不妨任凭它消散，秋天的山中王孙自可以久留。

相关知识

一、作者简介

王维（701—761），字摩诘，太原祁州（今山西祁县）人，唐代诗人，少能诗文，通书画、精音律。开元九年（721）进士，授太乐丞，历任右拾遗等官职，后官至尚书右丞，故亦称王右丞。晚年居住在蓝田辋川，过着亦官亦隐的优游生活。有《王右丞集》。

二、作品赏析

这首诗为山水名篇，于诗情画意之中寄托着诗人高洁的情怀和对理想境界的追求。

首联写山雨初霁，万物为之一新，初秋的傍晚，空气清新，景色美妙。颔联写天色已晚，皓月当空；群芳已谢，青松如盖。山泉清冽，淙淙流泻于山石之上，有如一条洁白无瑕的素练，在月光下闪闪发光，生动描写了幽静的自然美。这两句写景如画，随意洒脱，毫不着力。颈联写竹林里传来了一阵阵欢声笑语，那是一些天真无邪的姑娘洗罢衣服嬉笑归来；亭亭玉立的荷叶纷纷向两旁披分，顺流而下的渔舟划破了山中夜晚的宁静。尾联说：山中美好，洁净纯朴，正好可以成为自己归隐修养之所。诗的中间两联同是写景，但各有侧重。颔联侧重写物，以物芳象征志洁；颈联侧重写人，以人和象征政通。同时，二者又互为补充，泉、松、竹、莲，可以说都是诗人高尚情操的写照，又是诗人追求理想境界的象征。

这首诗以自然美来表现诗人的人格美及理想的社会美。表面看来，这首诗只是用“赋”的方法模山范水，对景物作细致感人的刻画，实际上通篇都是比兴。诗人通过对山水的描绘寄慨言志，含蓄蕴藉，耐人寻味。

课堂训练

朗读并背诵《山居秋暝》。

综合练习

1. 首联把地点________、时间________、季节________、环境________全写了出来。

2. 为什么诗的第一句中用“空山”?

3. 诗中以动写静（以动衬静）的诗句是：______________________________。

4. 诗中出现“松、泉、竹、莲”，都是美好高洁的意象，有何深意?

5. 尾联含蓄地表达了诗人的什么志向?

6. 写出你对“明月松间照，清泉石上流”的理解。

7. 默写这首诗。

阅读材料

渭城朝雨浥轻尘，客舍青青柳色新。劝君更尽一杯酒，西出阳关无故人。

（王维《送元二使安西》）

独在异乡为异客，每逢佳节倍思亲。遥知兄弟登高处，遍插茱萸少一人。

（王维《九月九日忆山东兄弟》）

第九课

静夜思

（唐）李　白

床前明月光，疑[①]是地上霜。
举头[②]望明月，低头思故乡。

【注释】

①疑：好像。
②举头：抬头。

【译文】

明亮的月光洒在窗户纸上，好像地上泛起了一层霜。我禁不住抬起头来，看那窗外空中的一轮明月，不由得低头沉思，想起远方的家乡。

相关知识

一、作者简介

李白（701—762），字太白，号青莲居士，又号谪仙人，是唐代伟大的浪漫主义诗人，被后人誉为“诗仙”。有《李太白集》。

二、创作背景

李白的《静夜思》创作于唐玄宗开元十四年（726）九月十五日的扬州旅舍，李白时年二十六岁。在一个月明星稀的夜晚，诗人望见天空一轮皓月，思乡之情油然而生，写下了这首传诵千古的诗作。

三、作品赏析

这是一首十分浅显易懂的五言绝句，写游子思乡之情，千百年来广泛流传。全诗从“疑”到“举头”，从“举头”到“低头”，形象地揭示了诗人的内心活动，勾勒出一幅生动的月夜思乡图。短短四句诗，写得清新朴素，明白如话，内涵丰富，体现了“自然”“无意于工而无不工”的妙境。

四、影响

自从有了“举头望明月，低头思故乡”的诗句，月亮便和思乡之情联系起来，望月怀乡就成为中国文人的共同心结。直到今天，月亮依然是思乡游子的情感寄托。可以说，明月作为一个文化意象，已经烙印在中国人的情感深处。

课堂训练

1. 朗读并背诵《静夜思》。

2. 讨论：“疑是地上霜”中的“霜”，可以使读者产生什么联想？读者会有怎样的感受？

综合练习

1．写出下列词的近义词。

举——（　　　　）　　望——（　　　　）

思念——（　　　　）　　故乡——（　　　　）

2．写出下列词的反义词。

静——（　　　　）　　举头——（　　　　）　　明——（　　　　）

3．《静夜思》写思乡之情，在艺术上是如何表现的?

4．默写这首诗。

阅读材料

日照香炉生紫烟，遥看瀑布挂前川。飞流直下三千尺，疑是银河落九天。

（李白《望庐山瀑布》）

故人西辞黄鹤楼，烟花三月下扬州。孤帆远影碧空尽，唯见长江天际流。

（李白《黄鹤楼送孟浩然之广陵》）

第十课

春　望

（唐）杜　甫

国[1]破[2]山河在，城春草木深。
感时[3]花溅泪[4]，恨别[5]鸟惊心。
烽火[6]连三月，家书抵[7]万金。
白头搔[8]更短，浑欲不胜[9]簪[10]。

【注释】

①国：国都，指长安（今陕西西安）。

②破：陷落。

③感时：为国家的时局而感伤。

④溅泪：流泪。

⑤恨别：怅恨离别。

⑥烽火：古时边防报警的烟火，这里指安史之乱的战火。

⑦抵：值，相当。

⑧搔：用手指轻轻地抓。

⑨不胜：受不住，不能。

⑩簪：一种束发的首饰。古代男子蓄长发，成年后束发于头顶，用簪子横插住，以免散开。

【译文】

长安沦陷只有山河依旧，春日的城区荒草丛生。感伤国事不禁涕泪四溅，鸟鸣惊心徒增离愁别恨。战火硝烟三月不曾停息，家人书信珍贵能值万金。愁闷心烦只有搔首而已，致使白发稀疏插不上簪子。

相关知识

一、作者简介

杜甫（712—770），字子美，自号少陵野老，原籍湖北襄阳，后迁河南巩县（今巩义市），唐代伟大的现实主义诗人。有《杜工部集》。

二、创作背景

唐玄宗天宝十四年（755）十一月，安禄山起兵叛唐。次年六月，叛军攻陷潼关，唐玄宗匆忙逃往四川。七月，太子李亨即位于灵武（今宁夏灵武县），是为唐肃宗，改元至德。杜甫闻讯，将家属安顿在鄜州（今陕西富县），只身投奔肃宗朝廷，结果不幸在途中被叛军俘获，解送至长安，后因官职卑微未被囚禁。此后，杜甫在沦陷的长安城里生活了一段时间，至德二年（757）春，杜甫目睹了长安城一片萧条零落的景象，百感交集，写下了这首传诵千古的诗篇。

三、作品赏析

这首诗全篇情景交融，感情深沉，含蓄凝练，言简意赅，充分体现了“沉郁顿挫”的艺术风格。这首诗结构紧凑，围绕“望”字展开，前四句借景抒情，情景结合。诗人由登高远望到焦点式的透视，由远及近，感情由弱到强，就在这感情和景色的交叉转换中含蓄地传达出诗人的感叹忧愤。开篇描绘国都萧索的景色，诗人眼观春花而泪流，耳闻鸟鸣而惆怅；再写战事持续很久，家人音信全无；最后写自己的哀怨和衰老，环环相生、层层递进，创造了一个能够引发人们共鸣、深思的情境。这首诗表现了典型的时代背景下所生成的典型感受，反映了人们热爱国家、期待和平的美好愿望，也展示出诗人忧国忧民、感时伤怀的高尚情感。

课堂训练

1. 朗读并背诵《春望》。

2. 请描述“白头搔更短，浑欲不胜簪”所展现的画面，并说出诗句的含义。

综合练习

1. 诗的前四句都统领在一个“________”字中，诗人的视野由远及近，由大到小，由________到________。

2. “烽火连三月，家书抵万金”一联中，诗人用“抵万金”来形容什么？

3. “感时花溅泪，恨别鸟惊心”历来为人们所称道，请你说说好在哪里。

4. 默写这首诗。

阅读材料

两个黄鹂鸣翠柳，一行白鹭上青天。窗含西岭千秋雪，门泊东吴万里船。

（杜甫《绝句·其三》）

锦城丝管日纷纷，半入江风半入云。此曲只应天上有，人间能得几回闻？

（杜甫《赠花卿》）

第十一课

赋得[1]古原草送别

（唐）白居易

离离[2]原上草，一岁一枯[3]荣[4]。野火烧不尽，春风吹又生。
远芳[5]侵[6]古道，晴翠[7]接荒城。又送王孙[8]去，萋萋[9]满别情。

【注释】

①赋得：借古人诗句或成语命题作诗，诗题前一般都冠以“赋得”二字。这是古代人学习作诗或文人聚会分题作诗或科举考试时命题作诗的一种方式，称为“赋得体”。

②离离：青草茂盛的样子。

③枯：枯萎。

④荣：茂盛。

⑤远芳：草香远播。芳，指野草那浓郁的香气。

⑥侵：侵占，长满。

⑦晴翠：草原明丽翠绿。

⑧王孙：本指贵族后代，此指远方的友人。

⑨萋萋：形容草木长得茂盛的样子。

【译文】

原野上长满茂盛的青草，年年岁岁枯萎了又苍翠。原野上的大火无法烧尽它，春风一吹又生机勃发。芳草的馨香弥漫着古道，阳光照耀下碧绿的草蔓延到荒城。又送远行游子踏上古道，满怀离情望着萋萋芳草。

相关知识

一、作者简介

白居易（772—846），字乐天，号香山居士。在文学上，主张“文章合为时而著，歌诗合为事而作”，是新乐府运动的倡导者。有《白氏长庆集》。

二、作品赏析

这首诗相传为白居易十六岁时的应考习作。按科举考试规定，凡指定的试题，题目前须加“赋得”二字，作法与咏物诗相类似。《赋得古原草送别》通过对古原上野草的描绘，抒发送别友人时的依依之情。

诗的首句“离离原上草”，紧紧扣住题目“古原草”三字，并用叠字“离离”描写春草的茂盛。第二句“一岁一枯荣”，写出原野上的草儿秋枯春荣、岁岁循环、生生不已的规律。第三、四句“野火烧不尽，春风吹又生”，一句写“枯”，一句写“荣”，是“枯荣”二字意思的发挥。不管烈火怎样无情地焚烧，只要春风一吹，又是遍地青青的野草，极为形象生动地表现了野草顽强的生命力。第五、六句“远芳侵古道，晴翠接荒城”，用“侵”和“接”刻画春草蔓延、绿野广阔的景象，“古道”“荒城”又点出友人即将经历的处所。最后两句“又送王孙去，萋萋满别情”，用绵绵不尽的萋萋春草比喻充溢胸中、弥漫原野的惜别之情。全诗章法谨严，用语自然流畅而又工整，写景抒情水乳交融，意境浑成，在“赋得体”中堪称绝唱。

课堂训练

1. 朗读并背诵《赋得古原草送别》。

2. 谈谈你对“野火烧不尽，春风吹又生”的理解。

综合练习

1. 用下列字组词。

枯——（　　　　）　　荣——（　　　　）

吹——（　　　　）　　送——（　　　　）

2. 这首诗最后一联写出了什么样的情感?

3. 默写这首诗。

阅读材料

小娃撑小艇，偷采白莲回。不解藏踪迹，浮萍一道开。

（白居易《池上》）

绿蚁新醅酒，红泥小火炉。晚来天欲雪，能饮一杯无？

（白居易《问刘十九》）

第十二课

登乐游原[1]

（唐）李商隐

向晚[2]意不适[3]，驱车登古原[4]。

夕阳无限好，只是近[5]黄昏。

【注释】

①乐游原：在长安（今西安）城南，是唐代长安城内地势最高地。

②向晚：傍晚。

③不适：不悦，不快。

④古原：指乐游原。

⑤近：接近。

【译文】

傍晚时心情不悦，驾着车登上古原。夕阳无限美好，只不过接近黄昏。

相关知识

一、作者简介

李商隐（约813—约858），字义山，号玉溪生、樊南生，怀州河内（今河南沁阳）

人。有《李义山诗集》。

二、创作背景

乐游原是唐代游览胜地，文人墨客经常来此作诗抒怀。唐代诗人们在乐游原上留下了近百首绝句，历来为人所称道。李商隐所处的时代是国运将尽的晚唐，牛李党争激烈，李商隐卷入其中，官场失意，这首《登乐游原》正是他郁闷心境的真实写照。

三、作品赏析

此诗前两句“向晚意不适，驱车登古原”点明登上古原的时间和原因，后两句“夕阳无限好，只是近黄昏”描绘了余晖映照，晚霞满天，山凝胭脂，气象万千。诗人将时代没落之感，家国沉沦之痛，身世迟暮之悲，一起熔铸于黄昏夕照下的景物画面中。“无限好”是对夕阳西下景象的热烈赞美，然而“只是”二字，笔锋一转，转到深深的哀伤之中。这是诗人无力挽留美好事物所发出的深沉慨叹。此诗语言明白如话，毫无雕饰，节奏明快，感喟深沉，富于哲理。

课堂训练

1. 朗读并背诵《登乐游原》。

2. 谈一谈观看日落时的景象及自己的感受。

综合练习

1. 比一比，再组词。

晚（　　　　）　限（　　　　）　驱（　　　　）　适（　　　　）
挽（　　　　）　恨（　　　　）　躯（　　　　）　拾（　　　　）

2.“夕阳无限好，只是近黄昏”一句，千百年来，人们因持不同看法而争论不休。你认为此句表达了作者怎样的感情？请简述理由。

阅读材料

君问归期未有期，巴山夜雨涨秋池。何当共剪西窗烛，却话巴山夜雨时。

（李商隐《夜雨寄北》）

锦瑟无端五十弦，一弦一柱思华年。庄生晓梦迷蝴蝶，望帝春心托杜鹃。
沧海月明珠有泪，蓝田日暖玉生烟。此情可待成追忆，只是当时已惘然。

（李商隐《锦瑟》）

第十三课

水调歌头[1]·明月几时有

（宋）苏　轼

丙辰[2]中秋，欢饮达旦[3]，大醉，作此篇，兼怀子由[4]。

明月几时有，把酒[5]问青天。不知天上宫阙[6]，今夕是何年。我欲乘风归去，又恐琼楼玉宇[7]，高处不胜[8]寒。起舞弄[9]清影，何似[10]在人间。　转朱阁[11]，低绮户[12]，照无眠。不应有恨，何事长向别时圆？人有悲欢离合，月有阴晴圆缺，此事古难全。但愿人长久，千里共[13]婵娟[14]。

【注释】

①水调歌头：词牌名。
②丙辰：北宋熙宁九年（1076）。
③达旦：直到第二天早晨。
④子由：苏轼的弟弟苏辙，字子由。
⑤把酒：端起酒杯。
⑥天上宫阙：指月中宫殿。阙，古代宫殿前左右竖立的楼观。
⑦琼楼玉宇：美玉砌成的楼宇，指想象中的仙宫。
⑧不胜：经受不住。
⑨弄：赏玩。
⑩何似：哪里比得上。
⑪朱阁：朱红的华丽楼阁。
⑫绮户：雕饰华丽的门窗。
⑬共：一起欣赏。
⑭婵娟：姿态美好的样子，这里形容月亮。

【译文】

丙辰年的中秋节，高兴地喝酒（直）到（第二天）早晨，（喝到）大醉，写了这首词，同时怀念弟弟子由。

明月是从何时有的？端起酒杯来询问青天。不知道天上宫殿，今天晚上是哪年。我想要乘御清风回到天上，又恐怕返回月宫美玉砌成的楼宇，受不住高耸九天的寒冷。起舞翩翩玩赏着月下的清影，哪里比得上人间。

月儿转过朱红色的楼阁，低低地挂在雕花的窗户上，照着没有睡意的人。明月不该对人们有什么怨恨吧，为何偏在人们离别时才圆呢？人有悲欢离合的变迁，月有阴晴圆缺的转换，这种事自古以来难以周全。但愿亲人能平安健康，虽然相隔千里，也能共享这美好的月光。

相关知识

一、什么是词

词是诗的别体，隋唐时兴起，经过长期的发展，至宋代进入了创作全盛期。词最初被称为“曲词”或者“曲子词”。词牌是词的调子名称，不同的词牌在句数，每句的字数、平仄上都有规定。

二、词的分类

词可以分为两大类：婉约派和豪放派。婉约派的特点是婉转含蓄，内容侧重儿女情长，结构深细缜密，重视音律谐婉，语言圆润，清新绮丽，具有一种柔婉之美。豪放派的特点是气魄大而无所拘束，题材广阔，它不仅描写花前月下，更多写作军情国事等重大题材，境界宏大、风格奔放豪迈、倾荡磊落。

三、作者简介

苏轼（1037—1101），字子瞻，号东坡居士，世称苏东坡，眉州眉山（今四川眉山）人，北宋著名文学家、书法家、画家。有《苏东坡集》。

四、作品赏析

这首词是苏轼在密州所作，写于宋神宗熙宁九年（1076）。当时苏轼政治处境恶劣，与弟弟苏辙（子由）已经七年没有团聚，中秋时节，心情抑郁惆怅，借月抒怀。全词通篇咏月，以月贯穿，又处处关合人事。词中抒写幻想而留恋人世，伤感离别而处以达观，反映了作者由超脱尘世的思想转化为从容面对现实生活的过程。这首词笔调奇逸，风格健朗，成为文学史上的名篇。

课堂训练

1．朗读并背诵《水调歌头·明月几时有》。

2．讨论：这首词是如何以月亮贯穿全篇的？

3．这首词中的哪几句话表达了人生哲理？你是如何理解的？

综合练习

1．给加点字注音。

宫阙（　　）　绮户（　　）　琼楼（　　）　婵娟（　　）

2．解释下列加点字的意思。

欢饮达旦（　　　　　）

兼怀子由（　　　　　）

把酒问青天（　　　　　　）

低绮户（　　　　　　）

乘风归去（　　　　　　）

弄清影（　　　　　　）

何似在人间（　　　　　　）

千里共婵娟（　　　　　　）

3．填空。

《水调歌头·明月几时有》的词牌名为__________，作者是__________。这首词把“天”和“月”都人格化了，上阕问__________，下阕问__________，归根结底是问__________，表现了作者对人生哲理的探索。

4．背诵并默写这首词。

阅读材料

横看成岭侧成峰，远近高低各不同。不识庐山真面目，只缘身在此山中。

（苏轼《题西林壁》）

莫听穿林打叶声，何妨吟啸且徐行。竹杖芒鞋轻胜马，谁怕？一蓑烟雨任平生。

料峭春风吹酒醒，微冷，山头斜照却相迎。回首向来萧瑟处，归去，也无风雨也无晴。

（苏轼《定风波·莫听穿林打叶声》）

大江东去，浪淘尽、千古风流人物。故垒西边，人道是、三国周郎赤壁。乱石穿空，惊涛拍岸，卷起千堆雪。江山如画，一时多少豪杰！　　遥想公瑾当年，小乔初嫁了，雄姿英发。羽扇纶巾，谈笑间、樯橹灰飞烟灭。故国神游，多情应笑我，早生华发。人生如梦，一尊还酹江月。

（苏轼《念奴娇·赤壁怀古》）

第十四课

天净沙[①] · 秋思

（元）马致远

枯藤[②]老树昏鸦[③]，小桥流水人家，古道[④]西风[⑤]瘦马[⑥]。夕阳西下，断肠人[⑦]在天涯[⑧]。

【注释】

①天净沙：曲牌名，属越调。又名《塞上秋》。
②枯藤：枯萎的枝蔓。
③昏鸦：黄昏时的乌鸦。昏，傍晚。
④古道：古老荒凉的道路。
⑤西风：寒冷、萧瑟的秋风。
⑥瘦马：骨瘦如柴的马。
⑦断肠人：形容伤心悲痛到极点的人，此处指漂泊天涯、极度忧伤的旅人。
⑧天涯：远离家乡的地方。

【译文】

枯藤缠绕着老树，树枝上栖息着黄昏时归巢的乌鸦。小桥下，流水潺潺，旁边有几户人家。在古老荒凉的道路上，秋风萧瑟，一匹疲惫的瘦马驮着游子前行。夕阳向西缓缓落下，极度忧伤的旅人还漂泊在天涯。

相关知识

一、元曲

元曲是盛行于元代的一种文艺形式，包括杂剧和散曲。散曲，盛行于元、明、清三代，是没有宾白的曲子形式，内容以抒情为主，有小令和套数两种。小令是散曲的一种，通常以一支曲子为独立单位，可以重复，各首用韵可以不同。套数是指由两个以上的同一宫调的曲子按照一定规则连缀起来的套曲。

二、作者简介

马致远，号东篱，大都（今北京）人，元代杂剧家、散曲家。所作杂剧现存七种，曲词豪放洒脱。有辑本《东篱乐府》，存小令百余首，套数二十三套。

三、作品赏析

这首小令句法别致，前三句由名词性词组构成，一共列出九种景物：枯藤、老树、昏鸦；小桥、流水、人家；古道、西风、瘦马，九种景物并置，构成了强烈的视觉性与鲜明的形象性，言简义丰。“断肠”二字为曲眼，最后一句“断肠人在天涯”表明一切景物都是游子眼中的景物。这首小令寓情于景，通过众多自然景物的鲜明形象，渲染浓重的深秋色彩，把凄苦愁楚之情刻画得淋漓尽致，抒发了一个流落天涯的游子的断肠之思。

课堂训练

1. 朗读并背诵《天净沙·秋思》。

2. 讨论：这首曲中出现的景物有什么特点？

综合练习

1. 给加点字注音并解释。

昏鸦（　　）（　　　　　　）　瘦马（　　）（　　　　　　）

断肠人（　　　　　　）（　　　　　　）

2. “夕阳西下”一句在构成全篇的意境方面有什么作用？

3.《天净沙·秋思》中哪一句是直接表达主题的句子？为什么？

4. 这首小令最显著的艺术特色是什么？

阅读材料

夕阳下，酒旆闲，两三航未曾着岸。落花水香茅舍晚，断桥头卖鱼人散。

（马致远《双调·寿阳曲·远浦帆归》）

渔灯暗，客梦回，一声声滴人心碎。孤舟五更家万里，是离人几行清泪。

（马致远《双调·寿阳曲·潇湘夜雨》）

第十五课

指鹿为马

（汉）司马迁

赵高[1]欲[2]为乱[3]，恐[4]群臣不听，乃先设验[5]，持[6]鹿献于二世[7]，曰："马也。"二世笑曰："丞相误[8]邪？谓鹿为马。"问左右[9]，左右或[10]默，或言马以阿顺[11]赵高，或言鹿（者）。高因[12]阴[13]中[14]诸[15]言鹿者以法。后群臣皆[16]畏高。

（《史记·秦始皇本纪》）

【注释】

①赵高（？—前 207），嬴姓，赵氏。秦朝二世皇帝时丞相。
②欲：想要。
③乱：叛乱，此处指篡夺秦朝的政权。
④恐：害怕，恐怕。
⑤设验：设法试探。
⑥持：带着。
⑦二世：指秦二世皇帝胡亥。
⑧误：错误；误会。
⑨左右：身边的人。
⑩或：有的人。
⑪阿顺：阿谀奉承。
⑫因：于是，就。
⑬阴：暗中。
⑭中（zhòng）：中伤。
⑮诸：那些。
⑯皆：都。

【译文】

赵高想要叛乱（篡夺秦朝的政权），恐怕各位大臣不听从他，就先设下圈套试探。于是带来一头鹿献给秦二世，说："这是一匹马。"秦二世笑着说："丞相错了吧？您把鹿说成马。"问身边的大臣，左右大臣有的沉默，有的故意迎合赵高说是马，有的说是鹿。赵高就在暗中假借法律中伤（或陷害）那些说是鹿的人。从此以后，大臣们都畏惧赵高。

相关知识

一、作者简介

司马迁（约前145—前87），字子长，夏阳（今陕西韩城）人，西汉史学家、散文家。任太史令，因替李陵败降之事辩解而受宫刑，后任中书令，撰写了史学巨著《史记》。被后世尊称为"历史之父"。

二、《史记》是一部怎样的书

《史记》是中国第一部纪传体通史，完成于征和二年（前91）。全书一百三十篇，包括十二本纪、三十世家、十表、八书、七十列传，对后世影响极大，被鲁迅先生誉为"史家之绝唱，无韵之离骚"。

课堂训练

讨论题

1. 赵高为什么要把鹿说成马？大臣中为什么也有人把鹿说成马？

2.“指鹿为马”现象存在的原因是什么？

综合练习

1．掌握下列词语。

中伤　畏惧　指鹿为马　史学家　通史

2．解释下列句中加点字的意思。

赵高欲为乱（　　　　　　）

持鹿献于二世（　　　　　　）

高因阴中诸言鹿者以法（　　　　　　）

后群臣皆畏高（　　　　　　）

3．写出与“指鹿为马”意思相近的成语。

阅读材料

陈涉少时，尝与人佣耕，辍耕之垄上，怅恨久之，曰：“苟富贵，无相忘。”

（司马迁《史记·陈涉世家》）

荆轲和而歌，为变徵之声，士皆垂泪涕泣。又前而为歌曰：“风萧萧兮易水寒，壮士一去兮不复还！”

（司马迁《史记·刺客列传》）

第十六课

马 说

（唐）韩 愈

世有伯乐[①]，然后有千里马；千里马常有，而伯乐不常有。故虽有名马，祇[②]辱[③]于奴隶人之手，骈死[④]于槽枥[⑤]之间，不以千里称也。

马之千里者，一食[⑥]或[⑦]尽粟一石；食[⑧]马者不知其能千里而食也。是[⑨]马也，虽有千里之能，食不饱，力不足，才美不外见[⑩]；且欲与常马等不可得，安[⑪]求其能千里也？

策[⑫]之不以其道，食之不能尽其材，鸣之而不能通[⑬]其意，执策[⑭]而临之[⑮]，曰："天下无马。"呜呼！其真无马邪？其真不知马也！

【注释】

①伯乐：春秋时秦穆公时人，姓孙，名阳，擅长相马。

②祇：只，仅仅，副词。

③辱：受屈辱。

④骈死：并列而死。骈，两马并驾。

⑤槽枥：原指养兽的食器，这里指养马的处所。

⑥一食：吃一顿。

⑦或：有时。

⑧食：同"饲"，喂养。

⑨是：这，指示代词。

⑩见：同"现"，显现。

⑪安：怎么，哪里，疑问代词。

⑫策：这里作动词，驾驭，驱使。

⑬通：通晓。

⑭执策：拿着马鞭。策，赶马的鞭子，名词。

⑮临之：到马的跟前。临，到它跟前。

【译文】

世上有了伯乐，然后才会有千里马；千里马是经常有的，可是伯乐却不经常有。因此，即使是很名贵的马，也只能在仆役的手下受到屈辱，跟普通的马一起死在马厩里，不把它称作千里马。

日行千里的马，一顿有时能吃下一石粮食；喂马的人不懂得要根据它日行千里的本领来喂养它。（所以）这样的马，虽有日行千里的能耐，却吃不饱，力气不足，它的才能和美好的素质也就表现不出来，想要跟普通的马相等尚且办不到，又怎么能要求它日行千里呢？

鞭策它不按正确的方法，喂养又不足以使它充分发挥自己的才能，它叫却不能通晓它的意思，（反而）拿着鞭子到它跟前说："天下没有千里马。"唉！难道果真没有千里马吗？恐怕是他们真不识得千里马啊！

相关知识

一、作者简介

韩愈（768—824），字退之，河南河阳（今河南孟州）人。自称"郡望昌黎"，世称"韩昌黎""昌黎先生"。唐代杰出的文学家、思想家、哲学家、政治家，有《韩昌黎集》传世。

二、文章主题

全文用了借物喻人的方法，把伯乐比喻为知人善任的贤君，把千里马比喻为未被发现的真正人才，阐述了封建社会中人才被埋没的原因，对统治者不识人才和摧残人才的社会现象进行了抨击。作者希望统治者能识别人才，重用人才，使他们能充分发挥才能。

三、文章特点

“说”，是古代以记叙、议论或说明等方式来阐述事理的文体。可以发表议论，也可以记事，属议论文，大多是陈述作者对某个问题的见解。“说”的语言通常简洁明了，寓意深刻。

课堂训练

1. 掌握下列一词多义的字并解释其意思。

①之

虽有千里之能（　　　　　　）

祇辱于奴隶人之手（　　　　　　）

马之千里者（　　　　　　）

策之不以其道（　　　　　　）

食之不能尽其材（　　　　　　）

②能

虽有千里之能（　　　　　　）

安求其能千里也（　　　　　　）

③策

策之不以其道（　　　　　　）

执策而临之（　　　　　　）

④而

鸣之而不能通其意（　　　　　　）

执策而临之（　　　　　　）

食马者不知其能千里而食也（　　　　　　）

⑤食

一食或尽粟一石（　　　　　　）

食之不能尽其材（　　　　　　）

食不饱，力不足，才美不外见（　　　　　　）

⑥其

安求其能千里也（　　　　　　）

食之不能尽其材（　　　　　　）
鸣之而不能通其意（　　　　　　）
其真无马邪（　　　　　　）
其真不知马也（　　　　　　）
策之不以其道（　　　　　　）
⑦以
不以千里称也（　　　　　　）
策之不以其道（　　　　　　）
⑧尽
一食或尽粟一石（　　　　　　）
食之不能尽其材（　　　　　　）
⑨虽
虽有千里之能（　　　　　　）
故虽有名马（　　　　　　）
⑩或
或以为死（　　　　　　）
一食或尽粟一石（　　　　　　）

2．掌握下列词类活用。
①形容词用作动词。
辱：受屈辱。例句：祇辱于奴隶人之手。
尽：吃尽。例句：一食或尽粟一石。
②名词用作动词。
策：原意指马鞭，可用作动词，引申为用鞭子打，课文里是驱使的意思。例句：策之不以其道。
③数量词用作动词。
千里：日行千里。例句：食马者不知其能千里而食也。
④形容词的使动用法。
尽：使……尽，竭尽。例句：食之不能尽其材。

综合练习

1. 解释下列句子中的加点字。

①是马也，虽有千里之能。

②安求其能千里也？

③一食或尽粟一石。

④世有伯乐，然后有千里马。

⑤食（sì）之不能尽其材。

2. 掌握下列特殊句式。

①其真无马邪？

②马之千里者。

③祇辱于奴隶人之手。

④食马者不知其能千里而食也。

⑤策之不以其道。

3. 思考：伯乐与千里马的关系。

阅读材料

师 说

韩 愈

古之学者必有师。师者，所以传道受业解惑也。人非生而知之者，孰能无惑？惑而不从师，其为惑也，终不解矣。生乎吾前，其闻道也固先乎吾，吾从而师之；生乎吾后，其闻道也亦先乎吾，吾从而师之。吾师道也，夫庸知其年之先后生于吾乎？是故无贵无贱，无长无少，道之所存，师之所存也。

嗟乎！师道之不传也久矣！欲人之无惑也难矣！古之圣人，其出人也远矣，犹且从师而问焉；今之众人，其下圣人也亦远矣，而耻学于师。是故圣益圣，愚益愚。圣人之所以为圣，愚人之所以为愚，其皆出于此乎？爱其子，择师而教之；于其身也，则耻师焉，惑矣！彼童子之师，授之书而习其句读者也，非吾所谓传其道解其惑者也。句读之不知，惑之不解，或师焉，或不焉，小学而大遗，吾未见其明也。巫医乐师百工之人，不耻相师。士大夫之族，曰师曰弟子云者，则群聚而笑之。问之，则曰：“彼与彼年相若也，道相似也，位卑则足羞，官盛则近谀。”呜呼！师道之不复可知矣！巫医乐师百工之人，君子不齿，今其智乃反不能及，其可怪也欤！

圣人无常师。孔子师郯子、苌弘、师襄、老聃。郯子之徒，其贤不及孔子。孔子曰：“三人行，则必有我师。”是故弟子不必不如师，师不必贤于弟子。闻道有先后，术业有专攻，如是而已。

李氏子蟠，年十七，好古文，六艺经传皆通习之。不拘于时，学于余。余嘉其能行古道，作《师说》以贻之。

第十七课

爱莲说

（宋）周敦颐

水陆草木之花，可爱者甚蕃[①]。晋陶渊明独[②]爱菊；自李唐来，世人盛[③]爱牡丹；予[④]独爱莲之出淤泥[⑤]而不染[⑥]，濯[⑦]清涟[⑧]而不妖[⑨]，中通外直[⑩]，不蔓不枝[⑪]，香远益清[⑫]，亭亭净植[⑬]，可远观而不可亵[⑭]玩焉。

予谓[⑮]菊，花之隐逸者[⑯]也；牡丹，花之富贵者也；莲，花之君子者[⑰]也。噫！菊之爱，陶后鲜[⑱]有闻[⑲]；莲之爱，同予者何人？牡丹之爱，宜乎众矣。

【注释】

①蕃：多。

②独：只，唯独。

③盛：很，十分，一作“甚”。

④予（yú）：我。

⑤淤泥：河沟或池塘里积存的污泥。

⑥染：沾染（污秽）。

⑦濯（zhuó）：洗涤。

⑧清涟（lián）：水清而有微波，这里指清水。

⑨妖：妖艳。美丽而不端庄。

⑩中通外直：（它的茎）内空外直。通，空。直，挺立。

⑪不蔓（màn）不枝：不生枝蔓，不长枝节。蔓，名词用作动词，生枝蔓。枝，名词用作动词，长枝节。

⑫香远益清：香气远播，更加显得清芬。远，形容词作动词，向远处。益，更，更加。

⑬亭亭净植：笔直地洁净地立在那里。亭亭，耸立的样子。

⑭亵（xiè）：亲近而不庄重。
⑮谓：认为。
⑯隐逸者：指隐居的人。
⑰君子者：指品德高尚的人。
⑱鲜（xiǎn）：少。
⑲闻：听说。

【译文】

水上、陆地上的各种花草树木，值得喜爱的非常多。晋朝陶渊明唯独喜爱菊花。从唐朝以来人们非常喜爱牡丹。我唯独喜爱莲花，它从淤泥中长出来却不沾染污秽，在清水里洗涤过但是不显得妖媚。它的茎中间贯通，外形挺直，不生枝蔓，不长枝节，香气远播，更显清香，笔直地洁净地立在那里，可以远远地观赏但是不能玩弄它。

我认为，菊花是花中的隐士；牡丹是花中的富贵者；莲花是花中的君子。唉！对于菊花的喜爱，在陶渊明以后很少听到了；对于莲花的喜爱，和我一样的还有谁呢？对于牡丹的喜爱，当然有很多人了。

相关知识

一、作者简介

周敦颐（1017—1073），道州营道县（今湖南道县）人，北宋著名哲学家，是宋明理学的开山鼻祖。作《太极图说》《通书》，推明阴阳五行之理。

二、写作特点

《爱莲说》具有“说”这一文体的特点，托物言志。文章从“出淤泥而不染”起，以浓墨重彩描绘了莲的气度和气节，寄予了作者对理想人格的肯定和追求，也反映出作者鄙弃贪图富贵、追名逐利的世态和追求洁身自好的美好情操。同时，文章还运用了对比、反衬的手法，在文中多次以菊、牡丹衬托莲之美；还把菊花的隐逸、牡丹的富贵和莲花的高洁相对比，使“爱莲”这一主题得以加深，起到了突出中心、加深立意的作用。文章以一个“爱”字贯通全文，结构严谨。

课堂训练

讨论：作者是从哪些方面描写莲花的，并赋予了莲花哪些品格？

综合练习

1．解释下列加点字。

①陶后鲜有闻（　　　　　）

②芳草鲜美（　　　　　）

③水陆草木之花（　　　　　）

④莲之出淤泥而不染（　　　　　）

⑤不蔓不枝（　　　　　）

⑥香远益清（　　　　　）

2．解释句意。

①出淤泥而不染

____

②濯清涟而不妖

____

3．自古以来，花常常成为人们的精神象征，人们往往借花言志，国家或城市也将某种花定为国花或市花，请介绍你所在国家或城市的国花或市花，并说明理由。

阅读材料

拙 赋

周敦颐

或谓予曰："人谓子拙。"予："巧，窃所耻也，且患世多巧也。"喜而赋之曰：

巧者言，拙者默；巧者劳，拙者逸；巧者贼，拙者德；巧者凶，拙者吉。呜呼！天下拙，刑政彻。上安下顺，风清弊绝。

第十八课

陈太丘与友期行

(南朝宋)刘义庆

陈太丘[①]与友期行[②]，期日中，过中不至[③]，太丘舍去[④]，去后乃至。元方[⑤]时年七岁，门外戏[⑥]。客问元方："尊君在不[⑦]?"答曰："待君久不至，已去。"友人便怒："非人哉[⑧]！与人期行，相委[⑨]而去。"元方曰："君与家君期日中，日中不至，则是无信；对子骂父，则是无礼。"友人惭，下车引[⑩]之，元方入门不顾[⑪]。

【注释】

①陈太丘：即陈寔（shí）（104—186或187），字仲弓，东汉颍川许（今河南许昌）人，做过太丘县令。

②期行：相约同行。期，约定。行，出行。

③过中：过了正午。

④舍去：不再等候而离开了。舍，丢下。去，离开。

⑤元方：即陈纪（129—199），字元方，陈寔的长子。

⑥戏：玩耍，游戏。

⑦尊君在不（fǒu）：你父亲在吗？尊君，对别人父亲的一种尊称。不，通"否"，句末语气词，表询问。

⑧非人哉：不是人啊！非，不是。哉，语气词，表示感叹。

⑨相委：丢下别人。相，副词，表示一方对另一方的行为。委，丢下，舍弃。

⑩引：拉，这里是表示友好的动作。

⑪顾：回头看。

【译文】

陈太丘跟一位朋友相约同行，约定的时间是正午。正午已过，（友人）没到，太丘不再等候就走了。太丘走后，（友人）才来。陈元方那年七岁，正在门外玩耍。友人问元方："你父亲在家吗？"元方答道："等您很久没来，他已经走了。"朋友便生气了："不是人哪！和别人相约同行，（却）把别人丢下，自己走了。"元方说："您跟我父亲约好正午走，您正午不到，就是不讲信用；对着儿子骂他的父亲，就是没有礼貌。"友人感到惭愧，下车拉元方，元方走进自己家的大门不回头看。

相关知识

一、作者简介

刘义庆（403—444），彭城（今江苏徐州）人，是宋武帝刘裕的侄子，袭封临川王。爱好文学，"招聚文学之士，远近必至"。刘义庆熟悉两晋士大夫的言行，又参阅了有关资料，加上手下才学之士的帮助，编撰了志人小说《世说新语》。

二、《世说新语》是一部怎样的书

《世说新语》记述了自汉末到刘宋时期名士的种种逸闻轶事。全书共一千多则故事，每则故事语言简约，隽永传神，对后世小说有深远的影响。

课堂训练

解释下列古今异义词。

①去　古义：________；今义：________。
②委　古义：________；今义：________。
③顾　古义：________；今义：________。

④儿女　古义：________；今义：________。

综合练习

1. 本文题为"陈太丘与友期行"，实际上是写________与________的对话。

2. 陈太丘与友人相约而离去的原因是______________________________。

3. 本文通过对陈元方的________、________、________描写，表现出陈元方是一个____________________的人。

4. 陈元方指出友人"无信""无礼"的原因是什么？

5. 你从本文中获得了什么启示？

阅读材料

魏武行役，失汲道，军皆渴，乃令曰："前有大梅林，饶子，甘酸可以解渴。"士卒闻之，口皆出水，乘此得及前源。

（刘义庆《世说新语·假谲》）

管宁、华歆共园中锄菜，见地有片金，管挥锄与瓦石不异，华捉而掷去之。又尝同席读书，有乘轩冕过门者，宁读如故，歆废书出看，宁割席分坐曰："子非吾友也。"

（刘义庆《世说新语·德行》）

第十九课

西厢记（节选）

（元）王实甫

（旦唱）【正宫】[①]【端正好】[②]碧云天，黄花地[③]，西风紧，北雁南飞。晓来谁染霜林醉[④]？总是离人[⑤]泪。

【注释】

①正宫：宫调名，元曲常用宫调之一。

②端正好：曲牌名，曲调庄重、肃穆，无语助词，散唱。

③碧云天，黄花地：化用范仲淹《苏幕遮·怀旧》词句“碧云天，黄叶地”。

④霜林醉：形容经霜的树叶像醉酒的人脸一样颜色发红。

⑤离人：处于离别中的人。化用苏轼《水龙吟·次韵章质夫杨花词》词句“点点是，离人泪”。

【译文】

碧云悠悠的天空，黄花纷纷的大地，秋天西风凄紧而猛吹，空中大雁从北往南飞。早晨枫叶红得像喝醉酒的人脸一样，都是被离人的眼泪染成的啊。

相关知识

一、作者简介

王实甫，一说名德信，大都（今北京）人，元代戏曲作家。所作杂剧今知十四种，现存《西厢记》等三种。散曲存世不多，仅存小令一首，套数三套。

二、创作背景

此曲出自《西厢记》第四本第三折。《西厢记》是王实甫写于元代元贞、大德年间的杂剧。其中第四本第三折的主要情节是“长亭送别”。书生张君瑞和相国千金崔莺莺相爱，但门第不般配，遭到老夫人阻挠。他必须去考取功名，才能实现美满姻缘。临行，崔莺莺到十里长亭送他。这支《端正好》是崔莺莺在送别张君瑞时所唱的曲子。

三、艺术特点

这支曲子，作者选取了富有季节特征的景物：天空的碧云、飘落的黄花、凄冷的西风、南飞的大雁、如丹的枫叶，它们既是富有特征的暮秋景物，又渗透着女主人公崔莺莺的离愁别恨，创造了萧瑟悲凉的戏剧氛围，构成了寥廓黯然的境界。“染”“醉”二字用得极有分量，前者不仅把外在的感受化为动态的心理过程，而且令离人流下了涟涟泪，宛然若见；后者既写出了枫林的色彩，更赋予人在离愁的重压下不能自持的情态。这支曲子写出了崔莺莺对暮秋郊野景色的感受，抒发了她与张生离别时痛苦的心情。

课堂训练

朗读并背诵这支《端正好》。

综合练习

1. 给加点字注音并解释。

碧云天（　　）（　　　　　　）　　晓来（　　）（　　　　　　）

霜林（　　）（　　　　　　）　　离人泪（　　）（　　　　　　）

2. 前四句所写的景与送别有什么关系？

3. 后两句在写法上有什么特点？

4. 这段曲词抒发了崔莺莺怎样的感情？

阅读材料

（旦唱）【叨叨令】见安排着车儿、马儿，不由人熬熬煎煎的气；有甚么心情花儿、靥儿，打扮得娇娇滴滴的媚；准备着被儿、枕儿，则索昏昏沉沉的睡；从今后衫儿、袖儿，都搵做重重叠叠的泪。兀的不闷杀人也么哥！兀的不闷杀人也么哥！久已后书儿、信儿，索与我凄凄惶惶的寄。

（王实甫《西厢记》节选）

（旦唱）【一煞】青山隔送行，疏林不做美，淡烟暮霭相遮蔽。夕阳古道无人语，禾黍秋风听马嘶。我为甚么懒上车儿内，来时甚急，去后何迟！

（王实甫《西厢记》节选）

第二十课

牡丹亭（节选）

（明）汤显祖

【商调】[①]【皂罗袍】[②]原来姹紫嫣红[③]开遍，似这般都付与断井颓垣[④]。良辰美景奈何天，赏心乐事谁家院[⑤]？朝飞暮卷[⑥]，云霞翠轩[⑦]，雨丝风片，烟波画船[⑧]。锦屏人[⑨]忒[⑩]看得这韶光[⑪]贱！

【注释】

①商调：宫调名，元曲常用宫调之一。

②皂罗袍：曲牌名，过曲，亦常用作小令。

③姹紫嫣红：形容花的鲜艳美丽。

④断井颓垣：断了的井栏，倒了的短墙。这里是形容庭院的破旧冷落。

⑤“良辰美景”与“赏心乐事”：出自晋宋时期谢灵运《拟魏太子邺中集诗序》：“天下良辰、美景、赏心、乐事，四者难并”，这两句用此句意。

⑥朝飞暮卷：出自唐代王勃《滕王阁诗》“画栋朝飞南浦云，珠帘暮卷西山雨”句，形容楼阁巍峨，景色开阔。

⑦翠轩：华美的亭台楼阁。

⑧画船：装饰华美的游船。

⑨锦屏人：被阻隔在深闺中的人。

⑩忒：太。

⑪韶光：大好春光。

【译文】

这样繁花似锦的迷人春色无人赏识，都付与了破败的断井颓垣。这样美好的春天，宝贵的时光如何度过呢？使人欢心愉快的事究竟什么人家才有呢？雕梁画栋、飞阁流丹、碧瓦亭台，如云霞一般灿烂绚丽。和煦的春风，带着蒙蒙细雨，烟波浩渺的春水中浮动着画船。只有像我这样被阻隔在深闺中的女子，才辜负了这美好春光啊。

相关知识

一、作者简介

汤显祖（1550—1616），字义仍，号海若，又号若士，别署清远道人，临川（今江西抚州）人，明代文学家、戏曲家。作品有诗集《红泉逸草》《问棘邮草》，剧作《牡丹亭》《南柯记》《邯郸记》《紫钗记》等。

二、作品赏析

《皂罗袍·原来姹紫嫣红开遍》出自《牡丹亭》第十出《惊梦》，是《牡丹亭》女主人公杜丽娘偶然来到后园游赏时的一段唱词。这段唱词雅丽浓艳而不失蕴藉，情真意切，随景摇荡，充分展示了杜丽娘在游园时的情绪流转，体现出情、景、思一体化的特点。

这段唱词既是景语，也是情语。人物的感情和景色交织在一起，映衬了主人公对景自怜的伤感，其内心深处顾影自怜的哀愁在美好春光的感召下喷薄而出。此曲从喜乐到苦痛的情绪流变紧紧扣咬着从浓艳的实景向残败的虚景的转变，读者很难判断外在之景与内在之情的严格界限，只因在此处，景现而情发，情入而景犹存。杜丽娘作为一个刚刚觉醒的少女，感叹春光易逝，哀伤春光寂寞，渴望自由幸福的生活，强烈要求身心解放，这折射出明中叶后要求个性解放的时代精神，对后世有重要影响。

课堂训练

朗读并背诵这支《皂罗袍》。

综合练习

1. 给下列词语注音并解释。

姹紫嫣红（　　　　　　　）（　　　　　　　　　　　　）
断井颓垣（　　　　　　　）（　　　　　　　　　　　　）
良辰美景（　　　　　　　）（　　　　　　　　　　　　）
赏心乐事（　　　　　　　）（　　　　　　　　　　　　）
朝飞暮卷（　　　　　　　）（　　　　　　　　　　　　）

2. 这段曲词抒发了杜丽娘怎样的感情？

阅读材料

【绕池游】梦回莺啭，乱煞年光遍。人立小庭深院。炷尽沉烟，抛残绣线，恁今春关情似去年。

（汤显祖《牡丹亭》节选）

【醉扶归】你道翠生生出落的裙衫儿茜，艳晶晶花簪八宝填。可知我常一生儿爱好是天然。恰三春好处无人见。不提防沉鱼落雁鸟惊喧，则怕的羞花闭月花愁颤。

（汤显祖《牡丹亭》节选）

第二十一课

红楼梦（节选）

（清）曹雪芹

可巧这日拄了拐杖挣挫到街前散散心时，忽见那边来了一个跛足道人，疯癫落脱，麻屣鹑衣，口内念着几句言词，道是：

世人都晓神仙[①]好，惟有功名[②]忘不了！
古今将相[③]在何方，荒冢[④]一堆草没[⑤]了。
世人都晓神仙好，只有金银忘不了！
终朝只恨聚[⑥]无多，及到多时眼闭了[⑦]。
世人都晓神仙好，只有姣妻[⑧]忘不了！
君生日日说恩情，君死又随人去了。
世人都晓神仙好，只有儿孙忘不了！
痴心父母古来多，孝顺儿孙谁见了？

士隐[⑨]听了，便迎上来道："你满口说些什么？只听见些'好''了''好''了'。"那道人笑道："你若果听见'好''了'二字，还算你明白。可知世上万般，好便是了，了便是好。若不了，便不好，若要好，须是了。我这歌儿，便名《好了[⑩]歌》。"士隐本是有宿慧的，一闻此言，心中早已彻悟。因笑道："且住！待我将你这《好了歌》解注出来何如？"道人笑道："你解，你解。"士隐乃说道：

陋室空堂，当年笏满床；衰草枯杨，曾为歌舞场。蛛丝儿结满雕梁，绿纱今又糊在蓬窗上。说什么脂正浓、粉正香，如何两鬓又成霜？昨日黄土陇头送白骨，今宵红灯帐底卧鸳鸯。金满箱，银满箱，展眼乞丐人皆谤。正叹他人命不长，那知自己归来丧！训有方，保不定日后作强梁。择膏粱，谁承望流落在烟花巷！因嫌纱帽小，致使锁枷杠；昨怜破袄寒，今嫌紫蟒长：乱烘烘你方唱罢我登场，反认他乡是故乡。甚荒唐，到头来都是为他人作嫁衣裳！

那疯跛道人听了，拍掌笑道："解得切，解得切！"士隐便说一声"走罢！"将道人肩上褡裢抢了过来背着，竟不回家，同了疯道人飘飘而去。当下烘动街坊，众人当作一件新闻传说。封氏⑪闻得此信，哭个死去活来，只得与父亲商议，遣人各处访寻，那讨音信？无奈何，少不得依靠着他父母度日。幸而身边还有两个旧日的丫鬟伏侍，主仆三人，日夜作些针线发卖，帮着父亲用度。那封肃虽然日日抱怨，也无可奈何了。

【注释】

①神仙：指道家中人所能成为的至高神界的人物，比喻能预料或看透事情、无所不知无所不能的人；又比喻逍遥自在、无牵无挂的人。

②功名：封建社会中指科举称号（状元进士等）或官职名位。

③将相：将军、宰相，泛指当官的人。

④荒冢：荒坟。

⑤没：埋没。

⑥聚：积攒。

⑦眼闭了：指死亡。

⑧姣妻：娇美妻妾。姣，相貌美好。

⑨士隐：甄士隐，《红楼梦》中的人物。

⑩好了：好好了结，好的收场。这里是讽刺嘲笑话。

⑪封氏：甄士隐的妻子，《红楼梦》中的人物。

【译文】（《好了歌》）

世上的人都知道去当神仙好，只是建功立名的事情忘不了！古往今来的文臣武将如今都在哪里？只剩下一堆被荒草湮没的坟墓。世上的人都知道去当神仙好，只是恋着那金银财宝忘不了！一天到晚抱怨聚敛的还不够多，等到聚敛多的时候自己却死了。世上的人都知道去当神仙好，只是那美貌的妻子忘不了！你活着的时候她天天对你说如何恩爱，你一死她就立刻跟随了别人。世上的人都知道去当神仙好，只是那儿孙后代忘不了！自古以来痴心的父母不计其数，可是孝顺的子孙又有谁看见了？

相关知识

一、作者简介

曹雪芹（约1715—约1763），清代小说家。名沾，字梦阮，雪芹是其号，又号芹圃、芹溪，祖籍辽宁辽阳。曹雪芹一生经历了曹家盛极而衰的过程，他创作的长篇小说《红楼梦》代表了中国古典小说的最高成就，在世界文坛上享有崇高声誉。

二、《好了歌》创作背景

这首歌出现在《红楼梦》第一回。小说第一回写了晚年落魄的甄士隐拄着拐杖，到街前来散心，听一位跛足道人唱了这首《好了歌》，跛足道人对这首《好了歌》的诠释是："可知世上万般，好便是了，了便是好。若不了，便不好，若要好，须是了。"《红楼梦》的作者在第一回中借跛足道人唱《好了歌》影射小说情节，借此表达他的现实主义思想，传递其对现实的愤怒和失望。

三、《红楼梦》

《红楼梦》是中国古代章回体长篇小说，又名《石头记》等，被列为中国古典四大名著之首。小说以贾、史、王、薛四大家族的兴衰为背景，以富贵公子贾宝玉为视角，描绘了一批举止见识出于须眉之上的闺阁佳人的人生百态，展现了真正的人性美和悲剧美，可以说是一部从各个角度展现女性美以及中国古代社会世态百相的史诗性著作。

课堂训练

1. 朗读并背诵《好了歌》。

2. 讨论：小说叙事中插入诗歌有什么作用？

综合练习

1. 掌握下列词语。

神仙　功名　将相　荒冢　金银　姣妻　恩情　儿孙　痴心　孝顺

2. 思考题：《好了歌》表达了怎样的人生观？

阅读材料

一个是阆苑仙葩，一个是美玉无瑕。若说没奇缘，今生偏又遇着他；若说有奇缘，如何心事终虚化？一个枉自嗟呀，一个空劳牵挂。一个是水中月，一个是镜中花。想眼中能有多少泪珠儿，怎禁得秋流到冬尽，春流到夏！

（曹雪芹《红楼梦·枉凝眉》）

第二十二课

诗品·序（节选）

（南朝宋）钟嵘

气之动[①]物，物之感人，故摇荡性情，形诸舞咏。照烛[②]三才[③]，晖丽万有，灵祇[④]待之以致飨[⑤]，幽微藉[⑥]之以昭告。动天地，感鬼神，莫近于诗。

【注释】

①动：变动。
②照烛：照耀。
③三才：指天、地、人。
④祇（qí）：地神。《说文解字》：“祇，地祇，提出万物者也。”如“神祇”。
⑤飨（xiǎng）：用酒食款待人。也泛指给人提供某些东西。如“以飨读者”。
⑥藉（jiè）：通“借”。

【译文】

气候变动着景物，景物感动着人心，所以使人的性情摇荡，并表现于舞蹈歌唱上。它照耀着天、地、人，使万物显现着光辉美丽，上天之神靠它接受祭祀，幽冥之灵靠它昭明祷告。（能够）感动天地鬼神的，没有什么是比诗歌更接近了。

相关知识

一、作者简介

钟嵘，字仲伟，颍川长社（今河南长葛）人，生卒年不详。他在齐梁时代曾做过参军、记室等小官，被后世称为“钟记室”。著有《诗品》。

二、《诗品》是一部怎样的书

《诗品》是中国古代第一部诗论专著，写作时间大约是在梁武帝天监元年（502）至天监十二年（513）间。全书共品评了两汉至梁代的诗人一百二十二人，计上品十二人，中品三十八人，下品七十二人。

课堂训练

1. 朗读并背诵《诗品·序（节选）》。

2. 讨论题：是什么触动了人们去创作诗歌？

综合练习

1. 掌握下列词语。

摇荡　性情　灵祇　天地　鬼神　以飨读者

2. 给下列加点字注音并解释。

摇荡性情（　　）（　　　　　）

形诸舞咏（　　）（　　　　　）

照烛三才（　　）（　　　　　）

晖丽万有（　　）（　　　　　）

3. 结合《诗品》中的这段话，思考诗歌的作用有哪些。

阅读材料

夫诗有别材，非关书也；诗有别趣，非关理也。然非多读书、多穷理，则不能极其至，所谓不涉理路、不落言筌者，上也。诗者，吟咏情性也。盛唐诸人惟在兴趣，羚羊挂角，无迹可求。故其妙处，透彻玲珑，不可凑泊。如空中之音，相中之色，水中之月，镜中之象，言有尽而意无穷。

（严羽《沧浪诗话·诗辩》节选）

第二十三课

第五才子书施耐庵水浒传①（节选）

（明末清初）金圣叹

某尝道《水浒》胜似《史记》，人都不肯信，殊不知某却不是乱说。其实《史记》是以文运事②；《水浒》是因文生事③。以文运事，是先有事生成如此如此，却要算计出一篇文字来，虽是史公高才，也毕竟是吃苦事。因文生事即不然，只是顺着笔性④去，削高补低都由我。

【注释】

①第五才子书：金圣叹认为，传统经典中最好的作品是《庄子》、《离骚》、《史记》、杜甫的诗、《水浒传》、《西厢记》，称为“一庄、二骚、三史、四杜、五水浒、六西厢”。

②以文运事：史传作品着眼于历史上的“实事”，而文学作品中的艺术形象服务于“记事”。因而史传作品要尊重客观历史事实，按照历史本来面目来写。

③因文生事：指小说写作采用的艺术虚构方法。“文”即文学作品中的艺术形象，“事”指根据整体艺术形象需要构思出来的故事情节，“生”即虚构、创造。

④顺着笔性：符合艺术形象的创造规律。小说家不必追究所写的是否实有其人、实有其事，因而更富有自由创造性。

【译文】

我曾说《水浒》的写法超过了《史记》，人们都不相信，但根本不知道我不是在乱说。其实《史记》是运用文字来真实地记录历史（发生的事），《水浒》是根据虚构的人物来构思故事。运用文字来记录已经发生的事，已经发生的事情本来就已经这样发生了，而要构思出一部长篇巨著，即使是司马迁那样的高手，也得备尝创作的辛苦。顺着虚构的人物来构思故事却不是这样，只需要顺着这个人物个性的发展规律放手去写，因此情节的详略、交叉，这些完全由作者来处理。

相关知识

一、作者简介

金圣叹（1608—1661），名采，字若采。明亡后改名人瑞，字圣叹，明末清初苏州吴县人，著名的文学家、文学批评家。

二、《第五才子书施耐庵水浒传》

金圣叹的《水浒传》评点本，只有70回，到梁山英雄排座次为止。金圣叹删除了70回以后的内容，对前70回文字进行了整理，删除了一些套话、诗词、韵语，调整了一些文字不合理的内容和结构，使前70回文字更简洁，描写更生动，文学性更高。金圣叹在此书中加了眉批、夹注、尾批，有时候一条批注往往上百字，多的甚至上千字。对于心仪的几个大英雄，如林冲、鲁智深、武松，金圣叹从来不惜笔墨，深入分析。金圣叹评《水浒传》艺术见解独到，继李贽、叶昼等人之后将小说戏曲评点推到新的高度。

课堂训练

1. 什么是“以文运事”？

2. 什么是“因文生事”？

3. 讨论：历史叙事与小说创作有什么不同？

综合练习

1. 解释下列词语。

尝道：

算计：

削高补低：

2.《水浒传》是一部怎样的书？

阅读材料

《水浒传》只是写人粗鲁处，便有许多写法。如鲁达粗鲁是性急，史进粗鲁是少年任气，李逵粗鲁是蛮，武松粗鲁是豪杰不受羁靮，阮小七粗鲁是悲愤无说处，焦挺粗鲁是气质不好。

（金圣叹《第五才子书施耐庵水浒传》节选）

第二十四课

人间词话（节选）

（清末民初）王国维

有有我之境，有无我之境。“泪眼问花花不语，乱红飞过秋千去”[①]“可堪孤馆闭春寒，杜鹃声里斜阳暮”[②]，有我之境也。“采菊东篱下，悠然见南山”[③]“寒波澹澹起，白鸟悠悠下”[④]，无我之境也。有我之境，以我观物，故物皆著我之色彩。无我之境，以物观物，故不知何者为我，何者为物。古人为词，写有我之境者为多。然未始不能写无我之境，此在豪杰之士能自树立[⑤]耳。

【注释】

①泪眼问花花不语，乱红飞过秋千去：出自欧阳修的《蝶恋花·庭院深深深几许》。

②可堪孤馆闭春寒，杜鹃声里斜阳暮：出自秦观的《踏莎行·雾失楼台》。

③采菊东篱下，悠然见南山：出自陶渊明的《饮酒》（其五）。

④寒波澹澹起，白鸟悠悠下：出自元好问的《颍亭留别》。

⑤自树立：与众不同，自成一家。

【译文】

境界有“有我之境”和“无我之境”。“泪眼问花花不语，乱红飞过秋千去”“可堪孤馆闭春寒，杜鹃声里斜阳暮”，这是有我之境。“采菊东篱下，悠然见南山”“寒波澹澹起，白鸟悠悠下”，这是无我之境。有我之境，是用自己的眼光来看事物，所以物都带有我自己的主观色彩。无我之境，是忘记了自我，用物的眼光去看待物，所以不知道自身是什么也不知道外物是什么。古人作词，大部分写的都是有我之境，杰出的词人却能独树一帜写出无我之境。

相关知识

一、作者简介

王国维（1877—1927），字伯隅、静安，号观堂、永观，浙江海宁人。清末秀才。王国维在文学、美学、史学、哲学、古文字学、考古学等方面成就卓著。

二、《人间词话》

《人间词话》是王国维所著的一部文学批评著作，作于1908—1909年，最初发表于《国粹学报》。《人间词话》相袭传统诗话、词话一类作品之体例格式，将传统的词话概念、术语和思维逻辑，较为自然地融进了一些新的观念和方法，在理论上达到了很高的水平。王国维在其中提出了"境界"说。"境界"说是《人间词话》的核心，统领其他论点，又是全书的脉络，沟通全部主张。王国维不仅把它视为创作原则，也把它当作批评标准，论断诗词的演变，评价词人的得失、作品的优劣、词品的高低。因此，"境界"说既是王国维文艺批评的出发点，又是其文艺思想的总归宿。

课堂训练

讨论：谈一谈你对"有我之境"与"无我之境"的理解。

综合练习

1. 掌握下列词语。

有我之境　无我之境　忘记　独树一帜　境界　创作原则　文艺批评　文艺思想

2. 掌握下列句型。

有……，有……

3. 思考题：诗词写作中什么最重要？

阅读材料

古今之成大事业、大学问者，罔不经过三种之境界："昨夜西风凋碧树。独上高楼，望尽天涯路。"此第一境界也。"衣带渐宽终不悔，为伊消得人憔悴。"此第二境界也。"众里寻他千百度，蓦然回首，那人却在，灯火阑珊处。"此第三境界也。此等语皆非大词人不能道。然遽以此意解释诸词，恐为晏、欧诸公所不许也。

（王国维《人间词话》节选）

"红杏枝头春意闹"，著一"闹"字而境界全出；"云破月来花弄影"，著一"弄"字而境界全出矣。

（王国维《人间词话》节选）

现代文学

（1919—1949）

Chinese literature

中国文学

第二十五课

雨　巷

戴望舒

撑着油纸伞[1]，独自
彷徨在悠长，悠长
又寂寥的雨巷，
我希望逢着
一个丁香[2]一样地
结着愁怨的姑娘。

她是有
丁香一样的颜色，
丁香一样的芬芳，
丁香一样的忧愁，
在雨中哀怨，
哀怨又彷徨；

她彷徨在这寂寥的雨巷，
撑着油纸伞
像我一样，
像我一样地
默默彳亍[3]着，
冷漠，凄清，又惆怅。

她静默地走近
走近，又投出
太息[4]一般的眼光，

她飘过
像梦一般地，
像梦一般地凄婉迷茫。

像梦中飘过
一枝丁香地，
我身旁飘过这女郎；
她静默地远了，远了，
到了颓圮[5]的篱墙，
走尽这雨巷。

在雨的哀曲里，
消了她的颜色，
散了她的芬芳
消散了，甚至她的
太息般的眼光，
她丁香般的惆怅。

撑着油纸伞，独自
彷徨在悠长，悠长
又寂寥的雨巷，
我希望飘过
一个丁香一样地
结着愁怨的姑娘。

【注释】

①油纸伞：油纸伞是中华民族传统的日用雨伞，使用历史已有1 000多年。以手工削制的竹条做伞架，以涂刷天然防水桐油的皮棉纸做伞面。油纸伞是世界上最早的雨伞，纯手工制成，全部取材于天然，是中国古人智慧的结晶。

②丁香：常绿乔木，叶对生，花芳香，顶生聚伞圆锥花序；花萼肥厚。丁香花白色或紫色，颜色都不轻佻。中国古典诗歌中多次出现丁香，丁香是美丽、高洁、愁怨的象征。

③彳亍（chì chù）：小步慢走的样子。

④太息：出声叹息。

⑤颓圮（tuí pǐ）：倒塌。

相关知识

一、作者简介

戴望舒（1905—1950），名承，字朝安，小名海山。浙江杭州人。中国现代派代表诗人之一。因诗作《雨巷》一度被人称为“雨巷诗人”。著有诗集《我的记忆》《望舒草》《望舒诗稿》《灾难的岁月》等。

二、创作背景

这首诗写于1927年夏天。当时全国正处于白色恐怖之中，戴望舒因参加了进步活动而不得不避居于松江的友人家中，在孤寂中咀嚼着大革命失败后的幻灭与痛苦，心中充满了迷惘的情绪和朦胧的希望。《雨巷》一诗就是他的这种心境的表现，其中交织着失望和希望、幻灭和追求的双重情调。这种情怀在当时是有一定的普遍性的。

三、艺术特点

《雨巷》创设了一个富于象征色彩的抒情意境。诗人把当时黑暗而沉闷的社会现实暗喻为悠长狭窄而寂寥的“雨巷”，这里没有声音，没有欢乐，没有阳光，诗人在这样的雨巷中彳亍彷徨。他在孤寂中怀着一个美好的希望，希望有一种美好的理想出现在自己面前。诗人笔下的“丁香一样的”姑娘，就是这种美好理想的象征。然而诗人知道，这美好的理想是很难实现的。她和自己一样充满了愁苦和惆怅，而且又是倏忽即逝，像梦一样从身边飘过去了。留下来的，只有诗人自己依然在黑暗的现实中彷徨，还有那无法实现的希望。

课堂训练

1. 朗读并背诵《雨巷》。

2. 体会诗中运用的象征手法。

综合练习

1. 掌握下列词语。

油纸伞　丁香　彷徨　悠长　寂寥　愁怨　颜色　芬芳　忧愁　彳亍　颓圮

2. 掌握下列句型。

……一样，……一样

3. 运用象征手法写一首小诗，来表达自己对成长的体会。

阅读材料

我思想

戴望舒

我思想，故我是蝴蝶……
万年后小花的轻呼，

透过无梦无醒的云雾，
来震撼我斑斓的彩翼。

秋夜思

戴望舒

谁家动刀尺？
心也需要秋衣。
听鲛人的召唤，
听木叶的呼息！
风从每一条脉络进来，
窃听心的枯裂之音。

诗人云：心即是琴。
谁听过那古旧的阳春白雪？
为真知的死者的慰藉，
有人已将它悬在树梢，
为天籁之凭托——
但曾一度谛听的飘逝之音。
而断裂的吴丝蜀桐
仅使人从弦柱间思忆华年。

第二十六课

再别康桥[1]

徐志摩

轻轻的我走了，
　正如我轻轻的来；
我轻轻的招手，
　作别西天的云彩。

那河畔的金柳，
　是夕阳中的新娘；
波光里的艳影，
　在我的心头荡漾。

软泥上的青荇[2]，
　油油的在水底招摇[3]；
在康河的柔波里，
　我甘心做一条水草！

那榆荫下的一潭，
　不是清泉，是天上虹；
揉碎在浮藻间，
　沉淀着彩虹似的梦。

寻梦？撑一支长篙[4]，
　向青草更青处漫溯[5]；
满载一船星辉，

在星辉斑斓里放歌。

但我不能放歌，
　悄悄是别离的笙箫[6]；
夏虫也为我沉默，
　沉默是今晚的康桥！

悄悄的我走了，
　正如我悄悄的来；
我挥一挥衣袖，
　不带走一片云彩。

【注释】

①康桥（Cambridge）：就是今天我们说的剑桥，位于伦敦北。剑桥是一座古老的大学城。

②青荇（xìng）：多年生草本植物，叶子略呈圆形，浮在水面，根生在水底，花黄色。

③招摇：这里有“逍遥”之意。

④篙（gāo）：用竹竿或杉木等制成的撑船工具。

⑤溯（sù）：逆着水流的方向走。

⑥笙箫：笙箫是两种乐器。笙，是中国古老的簧管乐器，一般用十三根长短不同的竹管制成，用于吹奏。箫，是中国古老的吹奏乐器，分为洞箫和琴箫，皆为单管、竖吹。

相关知识

一、作者简介

徐志摩（1897—1931），浙江海宁硖石人，现代诗人、散文家。

二、作品赏析

《再别康桥》是一首写景的抒情诗，诗人抒发了留恋之情、惜别之情和感伤之情。《再别康桥》这首诗充分体现了新月诗派的“三美”，即绘画美、建筑美、音乐美。徐志摩追求“整体当中求变化，参差当中求异”，诗的一、三句诗排在前面，二、四句诗低格排列，空一格错落有致，排列有变化；再者一、三句短一点，二、四句长一点，显出视觉美。音乐美是徐志摩最强调的，其中第一段和最后一段是反复的，加强节奏感，且其中的词是重叠的，例如“悄悄”“轻轻”，再者每段诗换韵，因为感情是变化的，所以不是一韵到底的。

课堂训练

1. 朗读并背诵《再别康桥》。

2. 讨论：《再别康桥》这首诗给人感觉很美，你觉得美在哪里？

综合练习

1. 给下列词语中的加点字注音。

河畔（　　）　　荡漾（　　）　　青荇（　　）

榆荫（　　）（　　）　　揉碎（　　）　　漫溯（　　）

斑斓（　　）　　笙箫（　　）（　　）

2. 诗人在诗中选取了哪几个意象来渲染和表现对康桥的眷恋？

3. 最后一节，诗人说“悄悄的我走了”，为什么要“悄悄的”？

阅读材料

偶　然

徐志摩

是天空里的一片云，
偶尔投影在你的波心——
你不必讶异，
更无须欢喜——
在转瞬间消灭了踪影。
你我相逢在黑夜的海上，
你有你的，我有我的，方向；
你记得也好，
最好你忘掉，
在这交会时互放的光亮！

我不知道风是在哪一个方向吹

徐志摩

我不知道风
是在哪一个方向吹——
我是在梦中，
在梦的轻波里依洄。

我不知道风
是在哪一个方向吹——
我是在梦中，
她的温存，我的迷醉。

我不知道风
是在哪一个方向吹——
我是在梦中，

甜美是梦里的光辉。

我不知道风
是在哪一个方向吹——
我是在梦中，
她的负心，我的伤悲。

我不知道风
是在哪一个方向吹——
我是在梦中，
在梦的悲哀里心碎！

我不知道风
是在哪一个方向吹——
我是在梦中，
黯淡是梦里的光辉。

第二十七课

断　章①

卞之琳

你站在桥上看风景，
看风景人在楼上看你。

明月装饰了你的窗子，
你装饰②了别人的梦。

【注释】

①断章：截取诗文中的一章一段。
②装饰：对器物表面添加纹饰、色彩以达到美化的目的。

相关知识

一、作者简介

卞之琳（1910—2000），祖籍江苏溧水，文学评论家、翻译家。1929 年就读于北京大学英文系，1930 年开始写诗。1936 年他与李广田、何其芳出版诗合集《汉园集》，被誉为“汉园三诗人”。

二、创作背景

《断章》创作于1935年10月。据诗人说，这四行诗原在一首长诗中，但全诗仅有这四行他满意，于是抽出来独立成章，标题由此而来。

三、主题

诗人曾说："这是抒情诗，是以超然而珍惜的感情，写一刹那的意境。我当时爱想世间人物、事物的息息相关，相互依存，相互作用。人（你）可以看风景，也可能自觉不自觉点缀了风景；人（你）可以见明月装饰了自己的窗子，也可能自觉不自觉地成了别人梦境的装饰。"又说："我的意思是着重在相对上。"可见诗人主要希望表现一种相对关系，因而创作了此诗。

四、作品赏析

《断章》是中国现代文学史上文字简短，然而意蕴丰富又朦胧的一首短诗。诗人在诗中熔铸了浓厚的哲学思辨意识。以"断章"为题，看似一般，实则妙语双关。第一，这首短诗是从一首完整的长诗中抽出来的片段；第二，这首短诗表达了人类内心那份失落的、难以言传的情感，而这份独特的感受往往能触动人类内心最柔软的地方。

诗人通过对"风景"刹那间的感悟，涉及了"相对性"的哲理命题。"你站在桥上看风景"，而相对于楼上的人来说，桥上的"你"就是他们眼中的风景，他们"在楼上看你"。"明月装饰了你的窗子"，而相对于梦见"你"的人来说，"你"则像窗外的明月一样，"装饰"了他们的"梦"。诗人在隽永的图画里，传达了他通过智性思考所获得的人生哲理，即超越诗人情感的诗的经验：在宇宙乃至整个人生历程中，一切都是相对的，又都是互相关联的；在感情的结合中，刹那未尝不可以是永恒；在玄学的领域里，如诗人布莱克讲的"一粒砂石一个世界"；在人生与道德的领域中，生与死、喜与悲、善与恶、美与丑等，都不是绝对的、孤立的存在，而是相对的、互相关联的。

这首诗从字面上看很简单，好像看一遍就懂了。但看完后又觉得不全懂，似乎简单的字眼里藏着很深的道理。学者、翻译家李健吾认为，这首诗是在"装饰"两个字上做文章，暗示人生不过是互相装饰，蕴含着无奈的悲哀。人洞察了这番道理，也就不会被一些世俗的观念束缚，斤斤计较于是非、有无、得失、哀乐，而应透悟人生与世界，获得自由与超越。

课堂训练

朗读并背诵《断章》。

综合练习

1. 掌握下列词语。

装饰　相对　孤立　洞察　斤斤计较　自由　超越

2. 这首诗揭示了人与物、人与人之间存在的复杂而微妙的关系，你能说说这是什么关系吗？它让你联想到什么？

阅读材料

灯虫

卞之琳

可怜以浮华为食品，
小蠓虫在灯下纷坠。
不甘淡如水，还要醉，
而抛下露养的青身。

多少艘艨艟一齐发，
白帆篷拜倒于风涛，
英雄们求的金羊毛
终成了海伦的秀发。

赞美吧，芸芸的醉仙
光明下得了梦死地，
也画了佛顶的圆圈！

晓梦后看明窗净几，
待我来把你们吹空
像风扫满阶的落红。

第二十八课

你是人间的四月天

——一句爱的赞颂

林徽因

我说你是人间的四月天；
笑响点亮了四面风；轻灵
在春的光艳中交舞着变。

你是四月早天里的云烟，
黄昏吹着风的软，星子在
无意中闪，细雨点洒在花前。

那轻，那娉婷[①]，你是，鲜妍[②]
百花的冠冕[③]你戴着，你是
天真，庄严，你是夜夜的月圆。

雪化后那片鹅黄，你像；新鲜
初放芽的绿，你是；柔嫩喜悦
水光浮动着你梦期待中白莲。

你是一树一树的花开，是燕
在梁间呢喃[④]，——你是爱，是暖，
是希望，你是人间的四月天！

【注释】

①娉婷（pīng tíng）：女子容貌姿态姣好的样子。
②鲜妍：光彩美艳的样子。
③冠冕（miǎn）：古代皇冠或官员的帽子，比喻第一、体面、光彩。
④呢喃（ní nán）：拟声词，形容燕子的叫声。

相关知识

一、作者简介

林徽因（1904—1955），祖籍福建闽县（福州），出生于浙江杭州，中国近现代杰出的建筑师、诗人和作家。代表作有《你是人间的四月天》《莲灯》《九十九度中》等。

二、创作背景

这首诗发表于1934年4月的《学文》第1卷第1期上。关于这首诗有两种说法：一说是为悼念徐志摩而作；另一说是为儿子的出生而作，以表达心中对儿子的期望和儿子的出生带来的喜悦。

三、作品赏析

这首诗用“人间的四月天”来表达美好的情感，可谓匠心独运。诗人用轻风、云烟、星子、细雨、百花、圆月、白莲等刻画四月的景色，描绘出和风习习、百花吐蕊、阳光和煦、春色浓郁的景象，细腻而韵味无穷。四月是蕴含希望、热情与梦想的时节，是每个人心中美好的伊甸园。因此，用四月天来形容情感，是真挚的情感，来自心底最深的地方。同时，诗人在结尾处再次点题“你是人间的四月天”，与诗第一段首尾呼应，淋漓尽致地表达“爱”“暖”和“希望”，使情感得到再一次升华。

这首诗的特点是用大量的比喻和感官描写，对意象和情感进行雕琢和塑造，却毫无刻意之感，反而巧妙地将深刻的感情隐藏在华丽的语言和修饰中，让人不觉被诗中唯美的意境和诗意的感情打动，与诗人一起沉浸在美好的情感中。诗人采用大量排比手法，如“雪化后那片鹅黄，你像；新鲜 初放芽的绿，你是；柔嫩喜悦”，并采用倒装句式，使作品具有浑然天成的音乐节奏，音节优美，朗朗上口。为了抒发深沉浓烈的爱，诗人用“娉婷”且“鲜妍”，“百花的冠冕你戴着”，写出万般宠爱的风姿，同时用“鹅黄”“绿”“白”描写花的绚丽与生机勃勃，突出对爱的无限期待与渴求之情。

全诗从多个角度描写四月天的特点，无论是柔和恬静，还是百鸟欢鸣，诗人都善于调动多种感官加以表现。如对四面风的描写，一个“笑响”，一个“点亮”，由听觉到视觉再到感觉，赋予抽象的风以灵气和生命力。对四月景物的描写，视觉上有“一树一树的花开”，听觉上有“是燕在梁间呢喃”，触觉上有布满空间的“暖”，带给读者多重感官冲击。同时，诗人运用云烟缥缈的轻柔表现四月天的静，用吹着的风、闪动的星子和洒在花前的细雨点，勾勒出四月天的灵动，动静结合，相得益彰。

课堂训练

1. 朗读并背诵《你是人间的四月天》。

2. 以“你是人间的四月天”开头，仿写一首表达爱的诗篇。

综合练习

1. 掌握下列词语。

娉婷　呢喃　鲜妍　冠冕

2. 填空。

(1)《你是人间的四月天》中的“你”指代__________、__________、__________、__________、__________、__________、__________，突出了“你”__________的特点。

（2）在这首诗中，直接展示色彩的文字有__________________，这些词语给人一种____________的感觉。

3. 请谈谈这首诗最后一节有什么作用。

阅读材料

那一晚

林徽因

那一晚我的船推出了河心，
澄蓝的天上托着密密的星。
那一晚你的手牵着我的手，
迷惘的星夜封锁起重愁。
那一晚你和我分定了方向，
两人各认取个生活的模样。
到如今我的船仍然在海面飘，
细弱的桅杆常在风涛里摇。
到如今太阳只在我背后徘徊，
层层的阴影留守在我周围。
到如今我还记着那一晚的天，
星光、眼泪、白茫茫的江边！
到如今我还想念你岸上的耕种：
红花儿黄花儿朵朵的生动。

那一天我希望要走到了顶层，
蜜一般酿出那记忆的滋润。
那一天我要跨上带羽翼的箭，
望着你花园里射一个满弦。
那一天你要听到鸟般的歌唱，
那便是我静候着你的赞赏。
那一天你要看到零乱的花影，
那便是我私闯入当年的边境！

第二十九课

海上日出

巴金

为了看日出，我常常早起。那时天还没有大亮，周围非常清静，船上只有机器的响声。

天空还是一片浅蓝，颜色很浅。转眼间天边出现了一道红霞，慢慢地在扩大它的范围，加强它的亮光。我知道太阳要从天边升起来了，便目不转睛地望着那里。

果然过了一会儿，在那个地方出现了太阳的小半边脸，红是真红，却没有亮光。太阳好像负着重荷似的一步一步、慢慢地努力上升，到了最后，终于冲破了云霞，完全跳出了海面，颜色红得非常可爱。一刹那①间，这个深红的圆东西，忽然发出了夺目②的亮光，射得人眼睛发痛，它旁边的云也突然有了光彩。

有时太阳走进了云堆中，它的光线却从云层里射下来，直射到水面上。这时候要分辨出哪里是水，哪里是天，倒也不容易，因为我就只看见一片灿烂的亮光。

有时天边有黑云，而且云片很厚，太阳出来，人眼还看不见。然而太阳在黑云里放射的光芒，透过黑云的重围，替黑云镶③了一道发光的金边。后来太阳慢慢地冲出重围，出现在天空，甚至把黑云也染成了紫色或者红色。这时候的光亮不仅是太阳、云和海水，连我自己也成了光亮的了。

这不是伟大的奇观④么？

【注释】

①刹（chà）那：极短的时间；瞬间。梵语［kṣaṇa］。

②夺目：指光彩耀眼。

③镶（xiāng）：把物体嵌入另一物体内或围在另一物体的边缘。

④奇观：指雄伟美丽而又罕见的景象或出奇少见的事情。

相关知识

一、作者简介

巴金（1904—2005），原名李尧棠，现代文学家、出版家、翻译家。著有小说《家》《春》《秋》等，散文《随想录》等。

二、创作背景

1927 年 2 月，巴金从上海踏上英国邮船“昂热号”去伦敦留学。他将沿途的见闻写成《海行杂记》一书，于 1932 年出版。《海上日出》便是其中的一篇。文章分别描写了天气晴好、白云飘浮和黑云蔽日三种不同自然条件下的海上日出奇观，文字简洁，写得传神。

三、作品赏析

《海上日出》是一篇非常优秀的写景抒情散文。文章按日出前、日出时、日出后的顺序重点描绘了晴朗天气和有云时海上日出的几种不同景象，展现了日出这一伟大奇观。文章的语言文字优美、易懂，易于学习。

课堂训练

1. 朗读课文。

2. 讲一讲自己观察过的自然现象，例如日出、日落、春雨、秋雾、冬雪等。

综合练习

1. 掌握下列词语。

重荷　刹那　夺目　镶边　奇观

2. 掌握下列句型。

过了一会儿，……

一刹那间，……

有时……，有时……

3. 写一篇观察天气的日记，题目自拟。

阅读材料

繁　星

巴　金

我爱月夜，但我也爱星天。从前在家乡七、八月的夜晚在庭院里纳凉的时候，我最爱看天上密密麻麻的繁星。望着星天，我就会忘记一切，仿佛回到了母亲的怀里似的。

三年前在南京我住的地方有一道后门，每晚我打开后门，便看见一个静寂的夜。下面是一片菜园，上面是星群密布的蓝天。星光在我们的肉眼里虽然微小，然而它使我们觉得光明无处不在。那时候我正在读一些关于天文学的书，也认得一些星星，好像它们就是我的朋友，它们常常在和我谈话一样。

如今在海上，每晚和繁星相对，我把它们认得很熟了。我躺在舱面上，仰望天空。深蓝色的天空里悬着无数半明半昧的星。船在动，星也在动，它们是这样低，真是摇摇欲坠呢！渐渐地我的眼睛模糊了，我好像看见无数萤火虫在我的周围飞舞。海上的夜是柔和的，是静寂的，是梦幻的。我望着那许多认识的星，我仿佛看见它们在对我霎眼，我仿佛听见它们在小声说话。这时我忘记了一切。在星的怀抱中我微笑着，我沉睡着。我觉得自己是一个小孩子，现在睡在母亲的怀里了。

有一夜，那个在哥伦波上船的英国人指给我看天上的巨人。他用手指着：那四颗明亮的星是头，下面的几颗是身子，这几颗是手，那几颗是腿和脚，还有三颗星算是腰带。经他这一番指点，我果然看清楚了那个天上的巨人。看，那个巨人还在跑呢！

第三十课

春

朱自清

盼望着，盼望着，东风来了，春天的脚步近了。

一切都像刚睡醒的样子，欣欣然张开了眼。山朗润[①]起来了，水涨起来了，太阳的脸红起来了。

小草偷偷地从土里钻出来，嫩嫩的，绿绿的。园子里，田野里，瞧去，一大片一大片满是的。坐着，躺着，打两个滚，踢几脚球，赛几趟跑，捉几回迷藏。风轻悄悄的，草绵软软的。

桃树、杏树、梨树，你不让我，我不让你，都开满了花赶趟儿[②]。红的像火，粉的像霞，白的像雪。花里带着甜味，闭了眼，树上仿佛已经满是桃儿、杏儿、梨儿。花下成千成百的蜜蜂嗡嗡地闹着，大小的蝴蝶飞来飞去。野花遍地是：杂样儿，有名字的，没名字的，散在草丛里，像眼睛，像星星，还眨呀眨的。

“吹面不寒杨柳风”，不错的，像母亲的手抚摸着你，风里带来些新翻的泥土的气息，混着青草味，还有各种花的香，都在微微润湿的空气里酝酿[③]。鸟儿将巢安在繁花嫩叶当中，高兴起来了，呼朋引伴地卖弄清脆的歌喉，唱出宛转[④]的曲子，与轻风流水应和着。牛背上牧童的短笛，这时候也成天在嘹亮地响。

雨是最寻常的，一下就是三两天。可别恼。看，像牛毛，像花针，像细丝，密密地斜织着，人家屋顶上全笼着一层薄烟。树叶却绿得发亮，小草也青得逼你的眼。傍晚时候，上灯了，一点点黄晕的光，烘托出一片这安静而和平的夜。在乡下，小路上，石桥边，撑起伞慢慢走着的人；还有地里工作的农夫，披着蓑，戴着笠的。他们的草屋，稀稀疏疏的在雨里静默着。

天上的风筝渐渐多了，地上孩子也多了。城里乡下，家家户户，老老小小，他们也赶趟似的，一个个都出来了。舒活舒活筋骨，抖擞抖擞精神，各做各的一份事去。“一年之计在于春”；刚起头儿，有的是工夫，有的是希望。

春天像刚落地的娃娃，从头到脚都是新的，它生长着。

春天像小姑娘，花枝招展的，笑着，走着。

春天像健壮的青年，有铁一般的胳膊和腰脚，他领着我们上前去。

【注释】

①朗润：明亮润泽。

②赶趟儿：在市集或赛会时，大家争先恐后去参加，北方人称为“赶趟儿”。引申为凑热闹。

③酝酿：指造酒时的发酵过程。比喻事前讨论、磋商，交换意见，统一思想。

④宛转：指（说话）温和而曲折（但是不失本意）或（歌声、鸟鸣声等）抑扬动听。

相关知识

二、作者简介

朱自清（1898—1948），原名自华，字佩弦，号秋实。原籍浙江绍兴，出生于江苏省东海县。现代散文家、诗人、学者。散文有《匆匆》《春》《你我》《绿》《背影》《荷塘月色》《伦敦杂记》等，著有诗集《雪朝》，诗文集《踪迹》，文艺论著《诗言志辨》《论雅俗共赏》等。

二、创作背景

《春》是朱自清的散文名篇，最初发表于 1933 年 7 月，在该篇“贮满诗意”的“春的赞歌”中，饱含了作者特定时期的思想情绪、对人生乃至人格的追求，表现了作者骨子里的传统文化积淀和对自由的向往。

课堂训练

1. 朗读《春》。

2. 讨论：作者是怎样描写春天的景象的？

3. 课文中描绘春天景象的图画之间是什么关系？

综合练习

1. 请在课文第 2、3、4 段中各找出一个拟人句。说说这样写有什么好处。

2. 作者写了哪些花？写到花的哪些方面？

3. 野花“散在草丛里，像眼睛，像星星，还眨呀眨的”，用了哪些修辞手法？写出了野花的什么情态？

4. 风是无形无声的，作者是如何让读者感到风的存在的？

5. 作者是如何描写雨的？侧面描写时，又借助了雨中哪些景物？

6. 课文最后三段的次序能不能调换？为什么？

阅读材料

背影

朱自清

我与父亲不相见已二年余了，我最不能忘记的是他的背影。

那年冬天，祖母死了，父亲的差使也交卸了，正是祸不单行的日子。我从北京到徐州，打算跟着父亲奔丧回家。到徐州见着父亲，看见满院狼藉的东西，又想起祖母，不禁簌簌地流下眼泪。父亲说："事已如此，不必难过，好在天无绝人之路！"

回家变卖典质，父亲还了亏空；又借钱办了丧事。这些日子，家中光景很是惨淡，一半为了丧事，一半为了父亲赋闲。丧事完毕，父亲要到南京谋事，我也要回北京念书，我们便同行。

到南京时，有朋友约去游逛，勾留了一日；第二日上午便须渡江到浦口，下午上车北去。父亲因为事忙，本已说定不送我，叫旅馆里一个熟识的茶房陪我同去。他再三嘱咐茶房，甚是仔细。但他终于不放心，怕茶房不妥帖；颇踌躇了一会。其实我那年已二十岁，北京已来往过两三次，是没有甚么要紧的了。他踌躇了一会，终于决定还是自己送我去。我再三劝他不必去；他只说："不要紧，他们去不好！"

我们过了江，进了车站。我买票，他忙着照看行李。行李太多，得向脚夫行些小费，才可过去。他便又忙着和他们讲价钱。我那时真是聪明过分，总觉他说话不大漂亮，非自己插嘴不可。但他终于讲定了价钱；就送我上车。他给我拣定了靠车门的一张椅子；我将他给我做的紫毛大衣铺好座位。他嘱我路上小心，夜里要警醒些，不要受凉。又嘱托茶房好好照应我。我心里暗笑他的迂：他们只认得钱，托他们只是白托！而且我这样大年纪的人，难道还不能料理自己么？唉，我现在想想，那时真是太聪明了！

我说道："爸爸，你走吧。"他望车外看了看，说："我买几个橘子去。你就在此地，不要走动。"我看那边月台的栅栏外有几个卖东西的等着顾客。走到那边月台，须穿过铁道，须跳下去又爬上去。父亲是一个胖子，走过去自然要费事些。我本来要去的，他不肯，只好让他去。我看见他戴着黑布小帽，穿着黑布大马褂，深青布棉袍，蹒跚地走到铁道边，慢慢探身下去，尚不大难。可是他穿过铁道，要爬上那边月台，就不容易了。他用两手攀着上面，两脚再向上缩；他肥胖的身子向左微倾，显出努力的样子。这时我看见他的背影，我的泪很快地流下来了。我赶紧拭干了泪。怕他看见，也怕别人看见。我再向外看时，他已抱了朱红的橘子往回走了。过铁道时，他先将橘子散放在地上，自己慢慢爬下，再抱起橘子走。到这边时，我赶紧去搀他。他和我走到车上，将橘子一股脑儿放在我的皮大衣上。于是扑扑衣上的泥土，心里很轻松似的。

过一会儿说：“我走了，到那边来信！”我望着他走出去。他走了几步，回过头看见我，说：“进去吧，里边没人。”等他的背影混入来来往往的人里，再找不着了，我便进来坐下，我的眼泪又来了。

近几年来，父亲和我都是东奔西走，家中光景是一日不如一日。他少年出外谋生，独力支持，做了许多大事。哪知老境却如此颓唐！他触目伤怀，自然情不能自已。情郁于中，自然要发之于外；家庭琐屑便往往触他之怒。他待我渐渐不同往日。但最近两年不见，他终于忘却我的不好，只是惦记着我，惦记着我的儿子。我北来后，他写了一信给我，信中说道：“我身体平安，惟膀子疼痛厉害，举箸提笔，诸多不便，大约大去之期不远矣。”我读到此处，在晶莹的泪光中，又看见那肥胖的、青布棉袍、黑布马褂的背影。唉！我不知何时再能与他相见！

第三十一课

秋天的况味

林语堂

秋天的黄昏，一人独坐在沙发上抽烟，看烟头白灰之下露出红光，微微透露出暖气，心头的情绪便跟着那蓝烟缭绕而上，一样的轻松，一样的自由。不转眼缭烟变成缕缕的细丝，慢慢不见了，而那霎时，心上的情绪也跟着消沉于大千世界，所以也不讲那时的情绪，而只讲那时的情绪的况味。待要再划一根洋火，再点起那已点过三四次的雪茄，却因白灰已积得太多，点不着，乃轻轻地一弹，烟灰静悄悄地落在铜炉上，其静寂如同我此时用毛笔写在纸上一样，一点的声息也没有。于是再点起来，一口一口地吞云吐雾，香气扑鼻，宛如偎红倚翠温香在抱情调。于是想到烟，想到这烟一股温煦的热气，想到室中缭绕暗淡的烟霞，想到秋天的意味。这时才忆起，向来诗文上秋的含义，并不是这样的，使人联想的是萧杀，是凄凉，是秋扇，是红叶，是荒林，是萋草。然而秋确有另一意味，没有春天的阳气勃勃，也没有夏天的炎烈迫人，也不像冬天之枯槁凋零。我所爱的是秋林古气磅礴。有人以老气横秋骂人，可见是不懂得秋林古色之滋味。在四时中，我于秋是有偏爱的，所以不妨说说。秋是代表成熟，对于春天之明媚娇艳，夏日的茂密浓深，都是过来人，不足为奇了，所以其色淡，叶多黄，有古色苍茏之概，不单以葱翠争荣了。这是我所谓秋天的意味。大概我所爱的不是晚秋，是初秋，那时暄气[①]初消，月正圆，蟹正肥，桂花皎洁，也未陷入凛冽萧瑟气态，这是最值得赏慕的。那时的温和，如我烟上的红灰，只是一股熏熟的温香罢了。或如文人已排脱下笔惊人的格调，而渐趋纯熟练达，宏毅坚实，其文读来有深长意味。这就是庄子所谓“正得秋而万宝成”[②]结实的意义。在人生上最享乐的就是这一类的事。比如酒以醇以老为佳。烟也有和烈之辨。雪茄之佳者，远胜于香烟，因其气味较和。倘是烧得得法，慢慢地吸完一支，看那红光炙发，有无穷的意味。鸦片吾不知，然看见人在烟灯上烧，听那微微哔剥的声音，也觉得有一种诗意。大概凡是古老，纯熟，熏黄，熟练的事物，都使我得到同样的愉快。如一只熏黑的陶锅在烘炉上用慢火炖猪肉时所发出的锅中徐吟的声调，是使我感到同观人烧大烟一样的兴趣。或如一本用过二十年而尚未破烂的字典或是一张用了半世的书桌，或如看见街上一块熏黑了老气横秋的招牌，或是看见书法大家苍劲雄浑的笔迹，都令人有相同的快乐。

人生世上如岁月之有四时，必须要经过这纯熟时期，如女人发育健全遭遇安顺的，亦必有一时徐娘半老的风韵，为二八佳人所绝不可及者。使我最佩服的是邓肯[③]的佳句："世人只会吟咏春天与恋爱，真无道理。须知秋天的景色，更华丽，更恢奇[④]，而秋天的快乐有万倍的雄壮，惊奇，都丽[⑤]。我真可怜那些妇女识见褊狭[⑥]，使她们错过爱之秋天的宏大的赠赐。"若邓肯者，可谓识趣之人。

【注释】

①暄（xuān）气：暑热之气。

②正得秋而万宝成：出自《庄子·杂篇·庚桑楚》："夫春气发而百草生，正得秋而万宝成。"

③邓肯：伊莎多拉·邓肯（1878—1927），美国舞蹈家，现代舞的创始人。

④恢（huī）奇：杰出，不平常。

⑤都丽：华丽，美丽。

⑥褊（biǎn）狭：指土地狭窄或气量狭小。

相关知识

一、作者简介

林语堂（1895—1976），福建龙溪（今漳州）人，中国现代著名作家、学者、翻译家、语言学家。

二、创作背景

《秋天的况味》作于1941年1月，当时作者46岁，刚刚步入人生之初秋。在作者看来，"秋"是一年四时里最好的季节，它"代表成熟"，具有"温和"的格调和"古气磅礴"的气象，作者是要借对"秋天"的描写，来表达自己对人生之"秋"的理解和领悟。

三、作品赏析

作者以描写和议论相结合的方法来写“秋”之“最值得赏慕”，以解构中国的“悲秋”传统，其深层动机不在单纯礼赞作为自然节令的“秋天”本身，而在礼赞人生如“初秋”一般之中年阶段的“纯熟”和“恢奇”。“人生世上如岁月之有四时，必须要经过这纯熟时期”一句，写出了作者对人生之“初秋”的理解，也写出了作品的主题。因此，从这一意义上来说，《秋天的况味》是一篇以“秋天颂”的形式写出来的“中年颂”。作者所赞许的“秋天的况味”，其实就是一种饱含着幽默志趣的人生况味，更是浓缩了“正得秋而万宝成”的人生体验。

课堂训练

1. 朗读《秋天的况味》。

2. 讨论：课文中“这是我所谓秋天的意味”具体指的是什么？

综合练习

1. 给下列词语注音。

缭绕（　　）（　　）　　磅礴（　　）（　　）　　葱翠（　　）（　　）
凛冽（　　）（　　）　　萧瑟（　　）（　　）　　褊狭（　　）（　　）

2. 作者认为他心中的秋天与传统诗文中的秋的含义是不同的，试用课文中的语句概括出它们的不同之处。

3 文章的标题是“秋天的况味”，作者在文中却不时地提到了酒、烟、陶锅、旧字典、老招牌、半老徐娘等，其用意是什么？

阅读材料

我的戒烟

林语堂

凡吸烟的人，大部曾在一时糊涂，发过宏愿，立志戒烟，在相当期内与此烟魔决一雌雄，到了十天半个月之后，才自醒悟过来。我有一次也走入歧途，忽然高兴戒烟起来，经过三星期之久，才受良心责备，悔悟前非。我赌咒着，再不颓唐，再不失检，要老老实实做吸烟的信徒，一直到老耄为止。到那时期，也许会听青年会俭德会三姑六婆的妖言，把它戒绝，因为一人到此时候，总是神经薄弱，身不由主，难代负责。但是意志一日存在，是非一日明白时，决不会再受诱惑。因为经过此次的教训，我已十分明白，无端戒烟断绝我们灵魂的清福，这是一件亏负自己而无益于人的不道德行为。据英国生物化学名家夏尔登（Haldane）教授说，吸烟为人类有史以来最有影响于人类生活的四大发明之一。其余三大发明之中，记得有一件是接猴腺青春不老之新术。此是题外不提。

在那三星期中，我如何的昏迷，如何的懦弱，明知于自己的心身有益的一根小小香烟，就没有胆量取来享用，说来真是一段丑史。此时事过境迁，回想起来，倒莫明何以那次昏迷一发发到三星期。若把此三星期中之心理历程细细叙述起来，真是罄竹难书。自然，第一样，这戒烟的念头，根本就有点糊涂。为什么人生世上要戒烟呢？这问题我现在也答不出。但是我们人类的行为，总常是没有理由的，有时故意要做做不该做的事，有时处境太闲，无事可作，故意降大任于己身，苦其筋骨，饿其体肤，空乏其身，把自己的天性拂乱一下，预备做大丈夫罢？除去这个理由，我想不出当日何以想出这种下流的念头。这实有点像陶侃之运甓，或是像现代人的健身运动——文人学者无柴可剖，无水可汲，无车可拉，两手在空中无目的的一上一下，为运动而运动，于社会工业之生产，是毫无贡献的。戒烟戒烟，大概就是贤人君子的健灵运动罢。

自然，头三天，喉咙口里，以至气管上部，似有一种怪难堪似痒非痒的感觉。这倒易办。我吃薄荷糖，喝铁观音，含法国顶上的补喉糖片。三天之内，便完全把那种怪痒克复消灭了。这是戒烟历程上之第一期，是纯粹关于生理上的奋斗，一点也不足为奇。凡以为戒烟之功夫只在这点的人，忘记吸烟魂灵上的事业；此一道理不懂，根本就不配谈吸烟。过了三天，我才进了魂灵战斗之第二期。到此时，我始恍然明白，世上吸烟的人，本有两种，一种只是南郭先生之徒，以吸烟跟人凑热闹而已。这些人之戒烟，是没有第二期的。他们戒烟，毫不费力。据说，他们想不吸就不吸，名之为“坚强的意志”。其实这种人何尝吸烟？一人如能戒一癖好，如卖掉一件旧服，则其本非癖好可知。这种人吸烟，确是一种肢体上的工作，如刷牙，洗脸一类，可以刷，可以不刷，内心上没有需要，魂灵上没有意义的。这种人除了洗脸，吃饭，回家抱孩儿以外，心灵上是不会有所要求的，晚上同俭德会女会员的太太们看看《伊索寓言》也就安眠就寝了。辛稼轩之词，王摩诘之诗，贝多芬之乐，王实甫之曲，是与他们无关的。庐山瀑布还不是从上而下的流水而已？试问读稼轩之词，摩诘之诗而不吸烟，可乎？不可乎？

但是在真正懂得吸烟的人，戒烟却有一问题，全非俭德会男女会员所能料到的。于我们这一派真正吸烟之徒，戒烟不到三日，其无意义，与待己之刻薄，就会浮现目前，理智与常识就要问：为什么理由，政治上，社会上，道德上，生理上，或者心理上，一人不可吸烟，而故意要以自己的聪明埋没，违背良心，戕贼天性，使我们不能达到那心旷神怡的境地？谁都知道，作文者必精力美满，意到神飞，胸襟豁达，锋发韵流，方有好文出现，读书亦必能会神会意，胸中了无窒碍，神游其间，方算是读。此种心境，不吸烟岂可办到？在这兴会之时，我们觉得伸手拿一枝烟乃唯一合理的行为；若是把一块牛皮糖塞入口里，反为俗不可耐之勾当。我姑举一两件事为证。

我的朋友B君由北京来沪。我们不见面，已有三年了。在北平时，我们是晨昏时常过从的，夜间尤其是吸烟瞎谈文学、哲学、现代美术以及如何改造人间宇宙的种种问题。现在他来了，我们正在家里炉旁叙旧。所谈的无非是在北平旧友的近况及世态的炎凉。每到妙处，我总是心里想伸一只手去取一枝香烟，但是表面上却只有立起而又坐下，或者换换坐势。B君却自自然然的一口一口的吞云吐露，似有不胜其乐之概。我已告诉他，我戒烟了，所以也不好意思当场破戒。话虽如此，心坎里只觉得不快，嗒然若有所失，我的神志是非常清楚的。每回B君高谈阔论之下，我都能答一个“是”字，而实际上却恨不能同他一样的兴奋倾心而谈。这样畸形的谈了一两小时，我始终不肯破戒，我的朋友就告别了。论“坚强的意志”与“毅力”我是凯旋胜利者，但是心坎里却只觉得怏怏不乐。过了几天，B君途中来信，说我近来不同了，没有以前的兴奋，爽快，谈吐也大不如前了，他说或者是上海的空气太恶浊所致。到现在，我还是怨悔那夜不曾吸烟。

又有一夜，我们在开会，这会按例每星期一次。到时聚餐之后，有人读论文，作为讨论，通常总是一种吸烟大会。这回轮着C君读论文。题目叫做《宗教与革命》，文中不少诙谐语。在这种扯谈之时，室内的烟气一层一层的浓厚起来，正是暗香浮动奇思涌发之时。诗人H君坐在中间，斜躺椅上，正在学放烟圈，一圈一圈的往上放出，大概诗意也跟着一层一层上升，其态度之自若，若有不足为外人道者。只有我一人不吸烟，觉得如独居化外，被放三危。这时戒烟越看越无意义了。我恍然觉悟，我太昏迷了。我追想搜索当初何以立志戒烟的理由，总搜寻不出一条理由来。

此后，我的良心便时起不安。因为我想，思想之贵在乎兴会之神感，但不吸烟之魂灵将何以兴感起来？有一下午，我去访一位洋女士。女士坐在桌旁，一手吸烟，一手靠在膝上，身微向外，颇有神致。我觉得醒悟之时到了。她拿烟盒请我。我慢慢的，镇静的，从烟盒中取出一枝来，知道从此一举，我又得道了。

我回来，即刻叫茶房去买一包白锡包。在我书桌的右端有一焦迹，是我放烟的地方。因为吸烟很少停止，所以我在旁刻一铭曰“惜阴池”。我本来打算大约要七八年，才能将这二英寸厚的桌面烧透。而在立志戒烟之时，惋惜这“惜阴池”深只有半生丁米突而已。所以这回重复安放香烟时，心上非常快活。因为虽然尚有远大的前途，却可以日日进行不懈。后来因搬屋，书房小，书桌只好卖出，“惜阴池”遂不见。此为余生平第一恨事。

第三十二课

爱

张爱玲

这是真的。

有个村庄的小康之家的女孩子，生得美，有许多人来做媒，但都没有说成。那年她不过十五六岁吧，是春天的晚上，她立在后门口，手扶着桃树。她记得她穿的是一件月白的衫子[①]。对门的年轻人同她见过面，可是从来没有打过招呼的，他走了过来。离得不远，站定了，轻轻的说了一声："哦，你也在这里吗？"她没有说什么，他也没有再说什么，站了一会，各自走开了。

就这样就完了。

后来这女子被亲眷[②]拐子卖到他乡外县去做妾[③]，又几次三番地被转卖，经过无数的惊险的风波，老了的时候她还记得从前那一回事，常常说起，在那春天的晚上，在后门口的桃树下，那年轻人。

于千万人之中遇见你所遇见的人，于千万年之中，时间的无涯的荒野里，没有早一步，也没有晚一步，刚巧赶上了，那也没有别的话可说，惟有轻轻的问一声："哦，你也在这里吗？"

【注释】

①衫子：古代女子穿的袖子宽大的上衣。

②亲眷：指亲近的人或亲戚。

③妾：旧指男子在正妻以外娶的女人。

相关知识

一、作者简介

张爱玲（1920—1995），祖籍河北丰润，生于上海，中国现代女作家。创作和发表了《沉香屑·第一炉香》《沉香屑·第二炉香》《茉莉香片》《倾城之恋》《红玫瑰与白玫瑰》等小说。

二、创作背景

《爱》这篇散文写于1944年，当时张爱玲正处于热恋之中。她以波澜不惊的语气和轻描淡写的笔调，写出了两性情爱的秘密。

三、作品赏析

“爱”是古往今来述说不尽的永恒主题，张爱玲仅以三百四十余字的袖珍篇幅，轻松地淡淡道来。语言洗尽铅华、单纯干净，没有了张爱玲笔下惯有的华丽绚烂。然而，一种不动声色的人生苦难和沧桑已被她轻轻地触及；而一份爱的无奈和哀痛也被她暗暗地激起，让人想想就忍不住要心酸落泪。

张爱玲曾在《自己的文章》里阐述她的创作理念：“我是喜欢悲壮，更喜欢苍凉。壮烈只有力，没有美，似乎缺少人性。悲壮则如大红大绿的配色，是一种强烈的对照。但它的刺激性还是大于启发性。苍凉之所以有更深长的回味，就因为它像葱绿配桃红，是一种参差的对照。悲壮是一种完成，而苍凉则是一种启示。”可以说苍凉是张爱玲作品的底子，在《爱》这篇作品中，作者对于逝水流年的敏感，对于美和爱稍纵即逝的无奈，对于女人无以把握自身命运的悲哀，也无不渗透着一种苍凉感。

课堂训练

1. 朗读《爱》。

2. 讨论：这篇作品以“爱”为题，写了什么？

综合练习

1. 什么是悲壮？什么是苍凉？结合《爱》这篇作品，体会作品中的悲壮与苍凉。

2. 作者认为爱是什么？

阅读材料

秋 雨

张爱玲

雨，像银灰色黏湿的蛛丝，织成一片轻柔的网，网住了整个秋的世界。天也是暗沉沉的，像古老的住宅里缠满着蛛丝网的屋顶。那堆在天上的灰白色的云片，就像屋顶上剥落的白色的粉。在这古旧的屋顶的笼罩下，一切都是异常的沉闷。园子里绿翳翳的石榴、桑树、葡萄藤，都不过代表着过去盛夏的繁荣，现在已成了古罗马的建筑遗迹一样，在萧萧的雨声中瑟缩不宁，回忆着光荣的过去。草色已经转入忧郁的苍黄，地下找不出一点新鲜的花朵；宿舍墙外一带种的娇嫩的洋水仙，垂了头，含着满眼的泪珠，在那里叹息它们的薄命，才过了两天的晴美的好日子又遇到这样霉气薰薰的雨天。只有墙角的桂花，枝头已经缀着几个黄金一样宝贵的嫩蕊，小心地隐藏在绿油油椭圆形的叶瓣下，透露出一点新生命萌芽的希望。

雨静悄悄地下着，只有一点细细的淅沥沥的声音。桔红色的房屋，像披着鲜艳的袈裟的老僧，垂头合目，受着雨底洗礼。那潮湿的红砖，发出有刺激性的猪血的颜色，和墙下绿油油的桂叶成为强烈的对照。灰色的癞蛤蟆，在湿烂发霉的泥地里跳跃着；在秋雨的沉闷的网底，只有它是唯一的充满愉快的生气的东西。它背上灰黄斑驳的花纹，跟沉闷的天空遥遥相应，造成和谐的色调。它噗通噗通地跳着，从草窠里，跳到泥里，溅出深绿的水花。

雨，像银灰色黏濡的蛛丝，织成一片轻柔的网，网住了整个秋的世界。

第三十三课

孔乙己

鲁 迅

鲁镇的酒店的格局，是和别处不同的：都是当街一个曲尺形的大柜台，柜里面预备着热水，可以随时温酒。做工的人，傍午傍晚散了工，每每花四文铜钱，买一碗酒，——这是二十多年前的事，现在每碗要涨到十文，——靠柜外站着，热热的喝了休息；倘肯多花一文，便可以买一碟盐煮笋，或者茴香豆，做下酒物了，如果出到十几文，那就能买一样荤菜，但这些顾客，多是短衣帮[1]，大抵没有这样阔绰[2]。只有穿长衫的，才踱进店面隔壁的房子里，要酒要菜，慢慢地坐喝。

我从十二岁起，便在镇口的咸亨酒店里当伙计，掌柜说，我样子太傻，怕侍候不了长衫主顾，就在外面做点事罢。外面的短衣主顾，虽然容易说话，但唠唠叨叨缠夹不清的也很不少。他们往往要亲眼看着黄酒从坛子里舀出，看过壶子底里有水没有，又亲看将壶子放在热水里，然后放心：在这严重监督下，羼[3]水也很为难。所以过了几天，掌柜又说我干不了这事。幸亏荐头[4]的情面大，辞退不得，便改为专管温酒的一种无聊职务了。

我从此便整天的站在柜台里，专管我的职务。虽然没有什么失职，但总觉得有些单调，有些无聊。掌柜是一副凶脸孔，主顾也没有好声气，教人活泼不得；只有孔乙己到店，才可以笑几声，所以至今还记得。

孔乙己是站着喝酒而穿长衫的唯一的人。他身材很高大；青白脸色，皱纹间时常夹些伤痕；一部乱蓬蓬的花白的胡子。穿的虽然是长衫，可是又脏又破，似乎十多年没有补，也没有洗。他对人说话，总是满口之乎者也[5]，叫人半懂不懂的。因为他姓孔，别人便从描红纸上的“上大人孔乙己”这半懂不懂的话里，替他取下一个绰号，叫作孔乙己。孔乙己一到店，所有喝酒的人便都看着他笑，有的叫道，“孔乙己，你脸上又添上新伤疤了！”他不回答，对柜里说，“温两碗酒，要一碟茴香豆。”便排出九文大钱。他们又故意的高声嚷道，“你一定又偷了人家的东西了！”孔乙己睁大眼睛说，“你怎么这样凭空污人清白……”“什么清白？我前天亲眼见你偷了何家的书，吊着打。”孔乙己便涨红了脸，额上的青筋条条绽出，争辩道，“窃书不能算偷……窃书！……读书人的事，能算偷么？”接连便是难懂的话，什么“君子固穷[⑥]”，什么“者乎”之类，引得众人都哄笑起来：店内外充满了快活的空气。

听人家背地里谈论，孔乙己原来也读过书，但终于没有进学[⑦]，又不会营生[⑧]；于是愈过愈穷，弄到将要讨饭了。幸而写得一笔好字，便替人家钞钞[⑨]书，换一碗饭吃。可惜他又有一样坏脾气，便是好喝懒做。做不到几天，便连人和书籍纸张笔砚，一齐失踪。如是几次，叫他钞书的人也没有了。孔乙己没有法，便免不了偶然做些偷窃的事。但他在我们店里，品行却比别人都好，就是从不拖欠；虽然间或没有现钱，暂时记在粉板上，但不出一月，定然还清，从粉板上拭去了孔乙己的名字。

孔乙己喝过半碗酒，涨红的脸色渐渐复了原，旁人便又问道，“孔乙己，你当真认识字么？”孔乙己看着问他的人，显出不屑置辩的神气。他们便接着说道，“你怎的连半个秀才也捞不到呢？”孔乙己立刻显出颓唐不安模样，脸上笼上了一层灰色，嘴里说些话；这回可是全是之乎者也之类，一些不懂了。在这时候，众人也都哄笑起来：店内外充满了快活的空气。

“多乎哉？不多也。”

有几回，邻居孩子听得笑声，也赶热闹，围住了孔乙己。他便给他们一人一颗。孩子吃完豆，仍然不散，眼睛都望着碟子。孔乙己着了慌，伸开五指将碟子罩住，弯腰下去说道，“不多了，我已经不多了。”直起身又看一看豆，自己摇头说，“不多不多！多乎哉？不多也。”于是这一群孩子都在笑声里走散了。

孔乙己是这样的使人快活，可是没有他，别人也便这么过。

有一天，大约是中秋前的两三天，掌柜正在慢慢的结账，取下粉板，忽然说，“孔乙己长久没有来了。还欠十九个钱呢！”我才也觉得他的确长久没有来了。一个喝酒的人说道，“他怎么会来？……他打折了腿了。”掌柜说，“哦！”“他总仍旧是偷。这一回，是自己发昏，竟偷到丁举人家里去了。他家的东西，偷得的吗？”“后来怎么样？”“怎么样？先写服辩[⑩]，后来是打，打了大半夜，再打折了腿。”“后来呢？”“后来打折了腿了。”“打折了怎样呢？”“怎样？……谁晓得？许是死了。”掌柜也不再问，仍然慢慢的算他的账。

中秋过后，秋风是一天凉比一天，看看将近初冬；我整天的靠着火，也须穿上棉袄了。一天的下半天，没有一个顾客，我正合了眼坐着。忽然间听得一个声音，“温一碗酒。”这声音虽然极低，却很耳熟。看时又全没有人。站起来向外一望，那孔乙己便在柜台下对了门槛坐着。他脸上黑而且瘦，已经不成样子；穿一件破夹袄，盘着两腿，下面垫一个蒲包，用草绳在肩上挂住；见了我，又说道，“温一碗酒。”掌柜也伸出头去，一面说，“孔乙己么？你还欠十九个钱呢！”孔乙己很颓唐的仰面答道，“这……下回还清罢。这一回是现钱，酒要好。”掌柜仍然同平常一样，笑着对他说，“孔乙己，你又偷了东西了！”但他这回却不十分分辩，单说了一句“不要取笑！”“取笑？要是不偷，怎么会打断腿？”孔乙己低声说道，“跌断，跌，跌……”他的眼色，很像恳求掌柜，不要再提。此时已经聚集了几个人，便和掌柜都笑了。我温了酒，端出去，放在门槛上。他从破衣袋里摸出四文大钱，放在我手里，见他满手是泥，原来他便用这手走来的。不一会，他喝完酒，便又在旁人的说笑声中，坐着用这手慢慢走去了。

自此以后，又长久没有看见孔乙己。到了年关[11]，掌柜取下粉板说，“孔乙己还欠十九个钱呢！”到第二年的端午，又说“孔乙己还欠十九个钱呢！”到中秋可是没有说，再到年关也没有看见他。

我到现在终于没有见——大约孔乙己的确死了。

一九一九年三月。

【注释】

①短衣帮：旧指短打衣着的劳动人民。

②阔绰（chuò）：阔气。

③羼（chàn）：混合，掺杂。

④荐头：旧社会以介绍佣工为业的人，泛指介绍职业的人。

⑤满口之乎者也：意思是满口文言词语。

⑥君子固穷：语见《论语·卫灵公》。“固穷”即“固守其穷”，不以穷困而改变操守的意思。固，安守。

⑦进学：明清科举制度，童生经过县考初试，府考复试，再参加由学政主持的院考（道考），考取的列名府、县学籍，叫进学，也就成了秀才。又规定每三年举行一次乡试（省一级考试），由秀才或监生应考，取中的就是举人。

⑧营生：谋生，筹划如何生活。

⑨钞：现写作“抄”。

⑩服辩：又作“伏辩”，即认罪书。这里指不经官府而自行了案认罪的书状。

⑪年关：年底。旧社会年底结账时，债主要向欠债的人索债，欠债的人过年如同过关，所以叫“年关”。下文的端午和中秋，在旧社会里也是结账的期限。

相关知识

一、作者简介

鲁迅（1881—1936），曾用名周樟寿，后改名为周树人，浙江绍兴人。著名文学家、思想家、民主战士，新文化运动的重要参与者，中国现代文学的奠基人。

二、关于《孔乙己》

《孔乙己》是鲁迅在五四运动前夕继《狂人日记》之后写的第二篇白话小说。小说描写了孔乙己在封建腐朽思想和科举制度毒害下，精神上迂腐不堪、麻木不仁，生活上四体不勤、穷困潦倒，他在人们的嘲笑戏谑中混时度日，最后被封建地主阶级吞噬。这篇小说篇幅不长，但是深刻揭露了当时科举制度对知识分子精神的毒害和封建制度“吃人”的本质，具有强烈的反封建意义。

课堂训练

讨论：孔乙己是个怎样的人？

综合练习

1. 请给下列词中的加点字注音。

阔绰（　　）　　羼水（　　）　　绰号（　　）
笔砚（　　）　　颓唐（　　）　　门槛（　　）

2. 作者为什么要从咸亨酒店的小伙计“我”的视角来讲述孔乙己的故事？

3. 造成孔乙己悲剧命运的原因有哪些？

阅读材料

战士和苍蝇

鲁　迅

Schopenhauer（叔本华）说过这样的话：要估定人的伟大，则精神上的大和体格上的大，那法则完全相反。后者距离愈远即愈小，前者却见得愈大。

正因为近则愈小，而且愈看见缺点和创伤，所以他就和我们一样，不是神道，不是妖怪，不是异兽。他仍然是人，不过如此。但也惟其如此，所以他是伟大的人。

战士战死了的时候，苍蝇们所首先发见的是他的缺点和伤痕，嘬着，营营地叫着，以为得意，以为比死了的战士更英雄。但是战士已经战死了，不再来挥去他们。于是乎苍蝇们即更其营营地叫，自以为倒是不朽的声音，因为它们的安全，远在战士之上。

的确的，谁也没有发见过苍蝇们的缺点和创伤。

然而，有缺点的战士终竟是战士，完美的苍蝇也终竟不过是苍蝇。

去罢，苍蝇们！虽然生着翅子，还能营营，总不会超过战士的。你们这些虫豸们！

第三十四课

边城（节选）

沈从文

由四川过湖南去，靠东有一条官路。这官路将近湘西边境到了一个地方名为“茶峒[①]”的小山城时，有一小溪，溪边有座白色小塔，塔下住了一户单独的人家。这人家只一个老人，一个女孩子，一只黄狗。

小溪流下去，绕山岨流，约三里便汇入茶峒的大河。人若过溪越小山走去，则只一里路就到了茶峒城边。溪流如弓背，山路如弓弦，故远近有了小小差异。小溪宽约二十丈，河床为大片石头作成。静静的水即或深到一篙不能落底，却依然清澈透明，河中游鱼来去皆可以计数。小溪既为川湘来往孔道，水常有涨落，限于财力不能搭桥，就安排了一只方头渡船。这渡船一次连人带马，约可以载二十位搭客过河，人数多时则反复来去。渡船头竖了一枝小小竹竿，挂着一个可以活动的铁环，溪岸两端水槽牵了一段废缆，有人过渡时，把铁环挂在废缆上，船上人就引手攀缘那条缆索，慢慢的牵船过对岸去。船将拢岸了，管理这渡船的，一面口中嚷着“慢点慢点”，自己霍地跃上了岸，拉着铁环，于是人货牛马全上了岸，翻过小山不见了。渡头为公家所有，故过渡人不必出钱。有人心中不安，抓了一把钱掷到船板上时，管渡船的必为一一拾起，依然塞到那人手心里去，俨然吵嘴时的认真神气：“我有了口量，三斗米，七百钱，够了。谁要这个!”

但不成，凡事求个心安理得，出气力不受酬谁好意思，不管如何还是有人把钱的。管船人却情不过，也为了心安起见，便把这些钱托人到茶峒去买茶叶和草烟，将茶峒出产的上等草烟，一扎一扎挂在自己腰带边，过渡的谁需要这东西必慷慨奉赠。有时从神气上估计那远路人对于身边草烟引起了相当的注意时，便把一小束草烟扎到那人包袱上去，一面说，“不吸这个吗，这好的，这妙的，味道蛮好，送人也合式!”茶叶则在六月里放进大缸里去，用开水泡好，给过路人解渴。

管理这渡船的，就是住在塔下的那个老人。活了七十年，从二十岁起便守在这小溪边，五十年来不知把船来去渡了若干人。年纪虽那么老了。本来应当休息了，但天不许他休息，他仿佛便不能够同这一分生活离开。他从不思索自己的职务对于本人的意义，只是静静的很忠实的在那里活下去。代替了天，使他在日头升起时，感到生活的力量，当日头落下来，又不至于思量与日头同时死去的，是那个伴在他身旁的女孩子。他唯一的朋友为一只渡船与一只黄狗，唯一的亲人便只那个女孩子。

女孩子的母亲，老船夫的独生女，十五年前同一个茶峒军人，很秘密的背着那忠厚爸爸发生了暧昧关系。有了小孩子后，这屯戍军士便想约了她一同向下游逃去。但从逃走的行为上看来，一个违悖了军人的责任，一个却必得离开孤独的父亲。经过一番考虑后，军人见她无远走勇气自己也不便毁去作军人的名誉，就心想：一同去生既无法聚首，一同去死当无人可以阻拦，首先服了毒。女的却关心腹中的一块肉，不忍心，拿不出主张。事情业已为作渡船夫的父亲知道，父亲却不加上一个有分量的字眼儿，只作为并不听到过这事情一样，仍然把日子很平静的过下去。女儿一面怀了羞惭一面却怀了怜悯，仍守在父亲身边，待到腹中小孩生下后，却到溪边吃了许多冷水死去了。在一种近于奇迹中，这遗孤居然已长大成人，一转眼间便十三岁了。为了住处两山多篁竹，翠色逼人而来，老船夫随便为这可怜的孤雏拾取了一个近身的名字，叫作"翠翠"。

翠翠在风日里长养着，把皮肤变得黑黑的，触目为青山绿水，一对眸子清明如水晶。自然既长养她且教育她，为人天真活泼，处处俨然如一只小兽物。人又那么乖，如山头黄麂[2]一样，从不想到残忍事情，从不发愁，从不动气。平时在渡船上遇陌生人对她有所注意时，便把光光的眼睛瞅着那陌生人，作成随时皆可举步逃入深山的神气，但明白了人无机心后，就又从从容容的在水边玩耍了。

老船夫不论晴雨，必守在船头。有人过渡时，便略弯着腰，两手缘引了竹缆，把船横渡过小溪。有时疲倦了，躺在临溪大石上睡着了，人在隔岸招手喊过渡，翠翠不让祖父起身，就跳下船去，很敏捷的替祖父把路人渡过溪，一切皆溜刷在行，从不误事。有时又和祖父黄狗一同在船上，过渡时和祖父一同动手，船将近岸边，祖父正向客人招呼："慢点，慢点"时，那只黄狗便口衔绳子，最先一跃而上，且俨然懂得如何方为尽职似的，把船绳紧衔着拖船拢岸。

风日清和的天气，无人过渡，镇日长闲，祖父同翠翠便坐在门前大岩石上晒太阳。或把一段木头从高处向水中抛去，嗾使身边黄狗自岩石高处跃下，把木头衔回来。或翠翠与黄狗皆张着耳朵，听祖父说些城中多年以前的战争故事。或祖父同翠翠两人，各把小竹作成的竖笛，逗在嘴边吹着迎亲送女的曲子。过渡人来了，老船夫放下了竹管，独自跟到船边去，横溪渡人，在岩上的一个，见船开动时，于是锐声喊着：

"爷爷，爷爷，你听我吹，你唱！"

爷爷到溪中央便很快乐的唱起来，哑哑的声音同竹管声振荡在寂静空气里，溪中仿佛也热闹了一些。（实则歌声的来复，反而使一切更寂静一些了。）

有时过渡的是从川东过茶峒的小牛，是羊群，是新娘子的花轿，翠翠必争着作渡船夫，站在船头，懒懒的攀引缆索，让船缓缓的过去。牛羊花轿上岸后，翠翠必跟着走，站到小山头，目送这些东西走去很远了，方回转船上，把船牵靠近家的岸边。且独自低低的学小羊叫着，学母牛叫着，或采一把野花缚在头上，独自装扮新娘子。

茶峒山城只隔渡头一里路，买油买盐时，逢年过节祖父得喝一杯酒时，祖父不上城，黄狗就伴同翠翠入城里去备办东西。到了卖杂货的铺子里，有大把的粉条，大缸的白糖，有炮仗，有红蜡烛，莫不给翠翠很深的印象，回到祖父身边，总把这些东西说个半天。那里河边还有许多上行船，百十船夫忙着起卸百货。这种船只比起渡船来全大得多，有趣味得多，翠翠也不容易忘记。

【注释】

①茶峒（dòng）：湖南省湘西州花垣县边城镇，原名茶峒，地处湘黔渝三省交界处。

②黄麂（jǐ）：为麂类中体形最大的一种，体长约 1 米，尾长 17～21 厘米，体重 25～30 千克。黄麂是孤独活动的动物，习性胆小谨慎，多在夜间或清晨、黄昏觅食，白天隐蔽在灌丛中休息。

相关知识

一、作者简介

沈从文（1902—1988），原名沈岳焕，湖南凤凰人，中国著名作家、历史文物研究者。14 岁时，他投身行伍，浪迹于湘、川、黔交界地区。1924 年开始进行文学创作，撰写出版了《长河》《边城》等小说。

二、关于《边城》

《边城》是沈从文创作的中篇小说，首次出版于 1934 年。小说以 20 世纪 30 年代川湘交界的边城小镇茶峒为背景，以兼具抒情诗和小品文的优美笔触，描绘了湘西地区特有的风土人情；借船家少女翠翠的爱情故事，展现了人性的善良与美好。由于《边城》的美学艺术，这部小说在中国现代文学史上具有独特的地位。

课堂训练

讨论：小说《边城》的语言特点。

综合练习

1. 课后阅读小说《边城》，简要复述《边城》的故事情节，200 字左右。

2.《边城》中有很多的“美”，有“风景美”“风俗美”“人性美”等，根据你的理解任选一个角度来谈谈《边城》中的美。

3. 沈从文说：“我们要表现的本是一种人生的形式，一种优美、健康、自然而又不悖乎人性的人生形式。”请结合作品具体内容阐发这句话的含义。

阅读材料

美与爱（节选）

沈从文

宇宙实在是个复杂的东西，大如太空列宿，小至蜉蝣蝼蚁，一切分裂与分解，一切繁殖与死亡，一切活动与变易，俨然都各有秩序，照固定计划向一个目的进行。然而这种目的却尚在活人思索观念边际以外，难于说明。人心复杂，似有过之无不及。然而目的却显然明白，即求生命永生。永生意义，或为精子游离而成子嗣延续，或凭不同材料产生文学艺术。似相异，实相同，同源于“爱”。

一个人过于爱有生一切时，必因为在一切有生中发现了“美”，亦即发现了“神”。必觉得那个光与色，形与线，即是代表一种最高的德性，使人乐于受它的统治，受它的处置。人类的智慧亦即由其影响而来。然而典雅词令和华美仪表，与之相比都见得黯然无光，如细碎星点在朗月照耀下同样情形。它或者是一个人，一件物，一种抽象符号的结集排比，令人都只能低首表示虔敬。正若如此一来，虽不会接近上帝，至少已接近上帝造物。

这种美或由上帝造物之手所产生，一片铜，一块石头，一把线，一组声音，其物虽小，亦可以见世界之大，并见世界之全。或即造物，最直接简便那个“人”。流星闪电于天空刹那而逝，从此烛示一种无可形容的美丽圣境，人亦相同，一微笑，一皱眉，无不同样可以显出那种圣境。一个人的手足眉发在此一闪即逝更缥缈的印象中，即无不可以见出造物者手艺之无比精巧。凡知道用各种感觉去捕捉住此美丽神奇光影的，此光影在生命中即永生不灭。屈原，曹植，李煜，曹雪芹，便是将这种光影用文字组成篇章，保留得比较完整的几个人；这些人写成的作品，虽各不相同，所得启示必古今如一，即被美所照耀，所征服，所教育是也。

美固无所不在，凡属造形，如用泛神情感去接近，即无不可见出其精巧处和完整处。生命之最高意义，即此种“神在生命中”的认识。唯宗教与金钱，或归纳，或消蚀，已令多数人生活下来逐渐都变成庸俗呆笨，了无趣味。这些人对于一切美物，美事，美行为，美观念，无不漠然处之，毫无反应。于宗教虽若具有虔信，亦无助于宗教美的发展。于金钱虽若具有热情，实不如金钱真正意义。

我们实需要一种美和爱的新宗教，来煽起更年青一辈做人的热诚，激发其生命的抽象搜寻，对人类明日未来向上合理的一切设计，都能产生一种崇高庄严感情。国家民族的重造问题，方不至于成为具文，为空话。五月又来了，一堆纪念日子中，使我们想起用“美育代宗教”学说的提倡者蔡孑民老先生对于国家重造的贡献。蔡老先生虽在战争中寂寞死去了数年，主张的健康性，却至今犹未消失。这种主张如何来发扬光大，应当是我们的事情！

第三十五课

断魂枪

老　舍

“生命是闹着玩，事事显出如此；从前我这么想过，现在我懂得了。”

沙子龙的镳局[①]已改成客栈[②]。

东方的大梦没法子不醒了。炮声压下去马来与印度野林中的虎啸。半醒的人们，揉着眼，祷告着祖先与神灵。不大会儿，失去了国土、自由与主权。门外立着不同面色的人，枪口还热着。他们的长矛毒弩，花蛇斑彩的厚盾，都有什么用呢；连祖先与祖先所信的神明全不灵了啊！龙旗的中国也不再神秘，有了火车呀，穿坟过墓破坏着风水。枣红色多穗的镳旗，绿鲨皮鞘的钢刀，响着串铃的口马，江湖上的智慧与黑话，义气与声名，连沙子龙，他的武艺、事业，都梦似的成昨夜的。今天是火车、快枪，通商与恐怖。听说，有人还要杀下皇帝的头呢！

这是走镳已没有饭吃，而国术还没被革命党与教育家提倡起来的时候。

谁不晓得沙子龙是短瘦、利落、硬棒，两眼明得像霜夜的大星？可是，现在他身上放了肉。镳局改了客栈，他自己在后小院占着三间北房，大枪立在墙角，院子里有几只楼鸽。只是在夜间，他把小院的门关好，熟习熟习他的“五虎断魂枪”。这条枪与这套枪，二十年的工夫，在西北一带，给他创出来：“神枪沙子龙”五个字，没遇见过敌手。现在，这条枪与这套枪不会再替他增光显胜了；只是摸摸这凉、滑、硬而发颤的杆子，使他心中少难过一些而已。只有在夜间独自拿起枪来，才能相信自己还是“神枪沙”。在白天，他不大谈武艺与往事；他的世界已被狂风吹了走。

在他手下创练起来的少年们还时常来找他。他们大多数是没落子的，都有点武艺，可是没地方去用。有的在庙会上去卖艺：踢两趟腿，练套家伙，翻几个跟头，附带着卖点大力丸，混个三吊两吊的。有的实在闲不起了，去弄筐果子，或挑些毛豆角，赶早儿在街上论斤吆喝出去。那时候，米贱肉贱，肯卖膀子力气本来可以混个肚儿圆；他们可是不成：肚量既大，而且得吃口管事儿的；干饽饽辣饼子咽不下去。况且他们还时常去走会：五虎棍，开路，太狮少狮……虽然算不了什么——比起走镳来——可是到底有个机会活动活动，露露脸。是的，走会捧场是买脸的事，他们打扮的得像个样儿，至少得有条青洋绉裤子，新漂白细市布的小褂，和一双鱼鳞洒鞋——顶好是青缎子抓地虎靴子。他们是神枪沙子龙的徒弟——虽然沙子龙并不承认——得到处露脸，走会得赔上俩钱，说不定还得打场架。没钱，上沙老师那里去求。沙老师不含糊，多少不拘，不让他们空着手儿走。可是，为打架或献技去讨教一个招数，或是请给说个“对子”——什么空手夺刀，或虎头钩进枪——沙老师有时说句笑话，马虎过去：“教什么？拿开水浇吧！”有时直接把他们赶出去。他们不大明白沙老师是怎么了，心中也有点不乐意。

可是，他们到处为沙老师吹腾，一来是愿意使人知道他们的武艺有真传授，受过高人的指教；二来是为激动沙老师：万一有人不服气而找上老师来，老师难道还不露一两手真的么？所以：沙老师一拳就砸倒了个牛！沙老师一脚把人踢到房上去，并没使多大的劲！他们谁也没见过这种事，但是说着说着，他们相信这是真的了，有年月，有地方，千真万确，敢起誓！

王三胜——沙子龙的大伙计——在土地庙拉开了场子，摆好了家伙。抹了一鼻子茶叶末色的鼻烟，他抡了几下竹节钢鞭，把场子打大一些。放下鞭，没向四围作揖，叉着腰念了两句：“脚踢天下好汉，拳打五路英雄！”向四围扫了一眼：“乡亲们，王三胜不是卖艺的；玩艺儿会几套，西北路上走过镳，会过绿林中的朋友。现在闲着没事，拉个场子陪诸位玩玩。有爱练的尽管下来，王三胜以武会友，有赏脸的，我陪着。神枪沙子龙是我的师傅；玩艺地道！诸位，有愿下来的没有？”他看着，准知道没人敢下来，他的话硬，可是那条钢鞭更硬，十八斤重。

王三胜，大个子，一脸横肉，努着对大黑眼珠，看着四围。大家不出声。他脱了小褂，紧了紧深月白色的“腰里硬”，把肚子杀进去。给手心一口唾沫，抄起大刀来：

“诸位，王三胜先练趟瞧瞧。不白练，练完了，带着的扔几个；没钱，给喊个好，助助威。这儿没生意口。好，上眼！”

大刀靠了身，眼珠努出多高，脸上绷紧，胸脯子鼓出，象两块老桦木根子。一跺脚，刀横起，大红缨子在肩前摆动。削砍劈拨，蹲越闪转，手起风生，忽忽直响。忽然刀在右手心上旋转，身弯下去，四围鸦雀无声，只有缨铃轻叫。刀顺过来，猛的一个“跺泥”，身子直挺，比众人高着一头，黑塔似的。收了势：“诸位！”一手持刀，一手叉腰，看着四围。稀稀的扔下几个铜钱，他点点头。“诸位！”

他等着，等着，地上依旧是那几个亮而削薄的铜钱，外层的人偷偷散去。他咽了口气：“没人懂！”他低声的说，可是大家全听见了。

“有功夫！”西北角上一个黄胡子老头儿答了话。

“啊？”王三胜好似没听明白。

“我说：你——有——功——夫！”老头子的语气很不得人心。

放下大刀，王三胜随着大家的头往西北看。谁也没看重这个老人：小干巴个儿，披着件粗蓝布大衫，脸上窝窝瘪瘪，眼陷进去很深，嘴上几根细黄胡，肩上扛着条小黄草辫子，有筷子那么细，而绝对不象筷子那么直顺。王三胜可是看出这老家伙有功夫，脑门亮，眼睛亮——眼眶虽深，眼珠可黑得象两口小井，深深的闪着黑光。王三胜不怕：他看得出别人有功夫没有，可更相信自己的本事，他是沙子龙手下的大将。

“下来玩玩，大叔！”王三胜说得很得体。

点点头，老头儿往里走。这一走，四外全笑了。他的胳臂不大动；左脚往前迈，右脚随着拉上来，一步步的往前拉扯，身子整着，象是患过瘫痪病。蹭到场中，把大衫扔在地上，一点没理会四围怎样笑他。

“神枪沙子龙的徒弟，你说？好，让你使枪吧；我呢？”老头子非常的干脆，很象久想动手。

人们全回来了，邻场耍狗熊的无论怎么敲锣也不中用了。

“三截棍进枪吧？”王三胜要看老头子一手，三截棍不是随便就拿得起来的家伙。

老头子又点点头，拾起家伙来。

王三胜努着眼，抖着枪，脸上十分难看。

老头子的黑眼珠更深更小了，像两个香火头，随着面前的枪尖儿转，王三胜忽然觉得不舒服，那俩黑眼珠似乎要把枪尖吸进去！四外已围得风雨不透，大家都觉出老头子确是有威。为躲那对眼睛，王三胜耍了个枪花。老头子的黄胡子一动：“请！”王三胜一扣枪，向前躬步，枪尖奔了老头子的喉头去，枪缨打了一个红旋。老人的身子忽然活展了，将身微偏，让过枪尖，前把一挂，后把撩王三胜的手。拍，拍，两响，王三胜的枪撒了手。场外叫了好。王三胜连脸带胸口全紫了，抄起枪来；一个花子，连枪带人滚了过来，枪尖奔了老人的中部。老头子的眼亮得发着黑光；腿轻轻一屈，下把掩裆，上把打着刚要抽回的枪杆；拍，枪又落在地上。

场外又是一片彩声。王三胜流了汗，不再去拾枪，努着眼，木在那里。老头子扔下家伙，拾起大衫，还是拉拉着腿，可是走得很快了。大衫搭在臂上，他过来拍了王三胜一下：

“还得练哪，伙计！”

“别走！”王三胜擦着汗：“你不离，姓王的服了！可有一样，你敢会会沙老师？”

“就是为会他才来的！”老头子的干巴脸上皱起点来，似乎是笑呢。“走；收了吧；晚饭我请！”

王三胜把兵器拢在一处，寄放在变戏法二麻子那里，陪着老头子往庙外走。后面跟着不少人，他把他们骂散了。

“你老贵姓？”他问。

“姓孙哪，”老头子的话与人一样，都那么干巴。“爱练；久想会会沙子龙。”

沙子龙不把你打扁了！王三胜心里说。他脚底下加了劲，可是没把孙老头落下。他看出来，老头子的腿是老走着查拳门中的连跳步；交起手来，必定很快。但是，无论他怎么快，沙子龙是没对手的。准知道孙老头要吃亏，他心中痛快了些，放慢了些脚步。

“孙大叔贵处?”

“河间的，小地方。”孙老者也和气了些：“月棍年刀一辈子枪，不容易见功夫！说真的，你那两手就不坏!”

王三胜头上的汗又回来了，没言语。

到了客栈，他心中直跳，惟恐沙老师不在家，他急于报仇。他知道老师不爱管这种事，师弟们已碰过不少回钉子，可是他相信这回必定行，他是大伙计，不比那些毛孩子；再说，人家在庙会上点名叫阵，沙老师还能丢这个脸么?

“三胜，”沙子龙正在床上看着本《封神榜》，“有事吗?”

三胜的脸又紫了，嘴唇动着，说不出话来。

沙子龙坐起来，“怎么了，三胜?”

“栽了跟头!”

只打了个不甚长的哈欠，沙老师没别的表示。

王三胜心中不平，但是不敢发作；他得激动老师：“姓孙的一个老头儿，门外等着老师呢；把我的枪，枪，打掉了两次!”他知道“枪”字在老师心中有多大分量。没等吩咐，他慌忙跑出去。

客人进来，沙子龙在外间屋等着呢。彼此拱手坐下，他叫三胜去泡茶。三胜希望两个老人立刻交了手，可是不能不沏茶去。孙老者没话讲，用深藏着的眼睛打量沙子龙。沙很客气：

“要是三胜得罪了你，不用理他，年纪还轻。”

孙老者有些失望，可也看出沙子龙的精明。他不知怎样好了，不能拿一个人的精明断定他的武艺。“我来领教领教枪法!”他不由地说出来。

沙子龙没接碴儿。王三胜提着茶壶走进来——急于看二人动手，他没管水开了没有，就沏在壶中。

“三胜，”沙子龙拿起个茶碗来，“去找小顺们去，天汇见，陪孙老者吃饭。”

“什么!”王三胜的眼珠几乎掉出来。看了看沙老师的脸，他敢怒而不敢言地说了声“是啦!”走出去，撅着大嘴。

“教徒弟不易!”孙老者说。

“我没收过徒弟。走吧，这个水不开！茶馆去喝，喝饿了就吃。”沙子龙从桌子上拿起缎子褡裢，一头装着鼻烟壶，一头装着点钱，挂在腰带上。

“不，我还不饿!”孙老者很坚决，两个“不”字把小辫从肩上抡到后边去。

“说会子话儿。”

“我来为领教领教枪法。”

“功夫早搁下了，”沙子龙指着身上，“已经放了肉!”

“这么办也行，”孙老者深深的看了沙老师一眼：“不比武，教给我那趟五虎断魂枪。”

“五虎断魂枪?”沙子龙笑了:“早忘干净了!早忘干净了!告诉你,在我这儿住几天,咱们各处逛逛,临走,多少送点盘缠。”

“我不逛,也用不着钱,我来学艺!”孙老者立起来,“我练趟给你看看,看够得上学艺不够!”一屈腰已到了院中,把楼鸽都吓飞起去。拉开架子,他打了趟查拳:腿快,手飘洒,一个飞脚起去,小辫儿飘在空中,像从天上落下来一个风筝;快之中,每个架子都摆得稳、准,利落;来回六趟,把院子满都打到,走得圆,接得紧,身子在一处,而精神贯串到四面八方。抱拳收势,身儿缩紧,好似满院乱飞的燕子忽然归了巢。

“好!好!”沙子龙在台阶上点着头喊。

“教给我那趟枪!”孙老者抱了抱拳。

沙子龙下了台阶,也抱着拳:“孙老者,说真的吧;那条枪和那套枪都跟我入棺材,一齐入棺材!”

“不传?”

“不传!”

孙老者的胡子嘴动了半天,没说出什么来。到屋里抄起蓝布大衫,拉拉着腿:“打搅了,再会!”

“吃过饭走!”沙子龙说。

孙老者没言语。

沙子龙把客人送到小门,然后回到屋中,对着墙角立着的大枪点了点头。

他独自上了天汇,怕是王三胜们在那里等着。他们都没有去。

王三胜和小顺们都不敢再到土地庙去卖艺,大家谁也不再为沙子龙吹胜;反之,他们说沙子龙栽了跟头,不敢和个老头儿动手;那个老头子一脚能踢死个牛。不要说王三胜输给他,沙子龙也不是他的对手。不过呢,王三胜到底和老头子见了个高低,而沙子龙连句硬话也没敢说。“神枪沙子龙”慢慢似乎被人们忘了。

夜静人稀,沙子龙关好了小门,一气把六十四枪刺下来;而后,拄着枪,望着天上的群星,想起当年在野店荒林的威风。叹一口气,用手指慢慢摸着凉滑的枪身,又微微一笑,“不传!不传!”

【注释】

①镳(biāo)局:同“镖局”,是专门为人保护财物或人身安全的机构。

②客栈(zhàn):古代的旅馆,人们外出远行暂住的地方。

相关知识

一、作者简介

老舍（1899—1966），原名舒庆春，北京满族正红旗人。中国现代小说家、作家、语言大师，中华人民共和国第一位获得“人民艺术家”称号的作家。代表作有《骆驼祥子》《四世同堂》，剧本《茶馆》等。

二、创作背景

《断魂枪》写于1935年秋天。老舍先生在济南齐鲁大学任教期间，由于忙于教学和写作影响了身体的健康，经朋友介绍，他跟随济南一著名拳师练习拳术，这也激发了其创作武侠小说《二拳师》的意图。后来由于种种原因此小说最终未能成形，但他将其中的主要情节抽取出来，创作了短篇小说《断魂枪》。

课堂训练

讨论：“断魂枪”该不该传？请陈述你的理由。

综合练习

1. 沙子龙的镖局改成了客栈说明了什么？

2. 简述沙子龙的性格特征。

3. 简述王三胜、孙老者的性格特征。

4. 小说中的环境描写与时代背景有什么关系？这对人物刻画起什么作用？

阅读材料

猫

老 舍

猫的性格实在有些古怪。说它老实吧，它的确有时候很乖。它会找个暖和的地方，成天睡大觉，无忧无虑，什么事也不过问。可是，它决定要出去玩玩，就会出走一天一夜，任凭谁怎么呼唤，它也不肯回来。说它贪玩吧，的确是呀，要不怎么会一天一夜不回家呢？可是，它听到老鼠的一点响动，又是多么尽职。它屏息凝视，一连就是几个钟头，非把老鼠等出来不可！

它要是高兴，能比谁都温柔可亲：用身子蹭你的腿，把脖子伸出来让你给它抓痒，或是在你写作的时候，跳上桌来，在稿纸上踩印几朵小梅花。它还会丰富多腔地叫唤，长短不同，粗细各异，变化多端。在不叫的时候，它还会咕噜咕噜地给自己解闷。这可都凭它的高兴。它若是不高兴啊，无论谁说多少好话，它也一声不出。

它什么都怕，总想藏起来。可是它又那么勇猛，不要说见着小虫和老鼠，就是遇上蛇也敢斗一斗。

小猫满月的时候更可爱，腿脚还不稳，可是已经学会淘气。一根鸡毛，一个线团，都是它的好玩具，耍个没完没了。一玩起来，它不知要摔多少跟头，但是跌倒了马上起来，再跑再跌。它的头撞在门上，桌腿上，撞疼了也不哭。它的胆子越来越大，逐渐开辟新的游戏场所。它到院子里来了。院中的花草可遭了殃。它在花盆里摔跤，抱着花枝打秋千，所到之处，枝折花落。你见了，绝不会责打它，它是那样生气勃勃，天真可爱！

第三十六课

雷雨（节选）

曹 禺

第二幕

（仆人下。朴园点着一支吕宋烟，看见桌上的雨衣。）

朴 （向鲁妈）这是太太找出来的雨衣吗？

鲁 （看着他）大概是的。

朴 （拿起看看）不对，不对，这都是新的。我要我的旧雨衣，你回头跟太太说。

鲁 嗯。

朴 （看她不走）你不知道这间房子底下人不准随便进来么？

鲁 （看着他）不知道，老爷。

朴 你是新来的下人？

鲁 不是的，我找我的女儿来的。

朴 你的女儿？

鲁 四凤是我的女儿。

朴 那你走错屋子了。

鲁 哦。——老爷没有事了？

朴 （指窗）窗户谁叫打开的？

鲁 哦。（很自然地走到窗户，关上窗户，慢慢地走向中门。）

朴 （看她关好窗门，忽然觉得她很奇怪）你站一站，（鲁妈停）你——你贵姓？

鲁 我姓鲁。

朴 姓鲁。你的口音不像北方人。

鲁 对了，我不是，我是江苏的。

朴 你好像有点无锡口音。

鲁 我自小就在无锡长大的。

朴 （沉思）无锡？嗯，无锡（忽而）你在无锡是什么时候？

鲁 光绪二十年，离现在有三十多年了。

朴　哦，三十年前你在无锡？

鲁　是的，三十多年前呢，那时候我记得我们还没有用洋火呢。

朴　（沉思）三十多年前，是的，很远啦，我想想，我大概是二十多岁的时候。那时候我还在无锡呢。

鲁　老爷是那个地方的人？

朴　嗯，（沉吟）无锡是个好地方。

鲁　哦，好地方。

朴　你三十年前在无锡么？

鲁　是，老爷。

朴　三十年前，在无锡有一件很出名的事情——

鲁　哦。

朴　你知道么？

鲁　也许记得，不知道老爷说的是哪一件？

朴　哦，很远的，提起来大家都忘了。

鲁　说不定，也许记得的。

朴　我问过许多那个时候到过无锡的人，我想打听打听。可是那个时候在无锡的人，到现在不是老了就是死了，活着的多半是不知道的，或者忘了。

鲁　如若老爷想打听的话，无论什么事，无锡那边我还有认识的人，虽然许久不通音信，托他们打听点事情总还可以的。

朴　我派人到无锡打听过。——不过也许凑巧你会知道。三十年前在无锡有一家姓梅的。

鲁　姓梅的？

朴　梅家的一个年轻小姐，很贤惠，也很规矩，有一天夜里，忽然地投水死了，后来，后来，——你知道么？

鲁　不敢说。

朴　哦。

鲁　我倒认识一个年轻的姑娘姓梅的。

朴　哦？你说说看。

鲁　可是她不是小姐，她也不贤惠，并且听说是不大规矩的。

朴　也许，也许你弄错了，不过你不妨说说看。

鲁　这个梅姑娘倒是有一天晚上跳的河，可是不是一个，她手里抱着一个刚生下三天的男孩。听人说她生前是不规矩的。

朴　（苦痛）哦！

鲁　这是个下等人，不很守本分的。听说她跟那时周公馆的少爷有点不清白，生了两个儿子。生了第二个，才过三天，忽然周少爷不要了她，大孩子就放在周公馆，刚生的孩子抱在怀里，在年三十夜里投河死的。

朴　（汗涔涔[①]地）哦。

鲁　她不是小姐，她是无锡周公馆梅妈的女儿，她叫侍萍。

朴　（抬起头来）你姓什么？

鲁　我姓鲁，老爷。

朴　（喘出一口气，沉思地）侍萍，侍萍，对了。这个女孩子的尸首，说是有一个穷人见着埋了。你可以打听得她的坟在哪儿么？

鲁　老爷问这些闲事干什么？

朴　这个人跟我们有点亲戚。

鲁　亲戚？

朴　嗯，——我们想把她的坟墓修一修。

鲁　哦——那用不着了。

朴　怎么？

鲁　这个人现在还活着。

朴　（惊愕）什么？

鲁　她没有死。

朴　她还在？不会吧？我看见她河边上的衣服，里面有她的绝命书。

鲁　不过她被一个慈善的人救活了。

朴　哦，救活啦？

鲁　以后无锡的人是没见着她，以为她那夜晚死了。

朴　那么，她呢？

鲁　一个人在外乡活着。

朴　那个小孩呢？

鲁　也活着。

朴　（忽然立起）你是谁？

鲁　我是这儿四凤的妈，老爷。

朴　哦。

鲁　她现在老了，嫁给一个下等人，又生了个女孩，境况很不好。

朴　你知道她现在在哪儿？

鲁　我前几天还见着她！

朴　什么？她就在这儿？此地？

鲁　嗯，就在此地。

朴　哦！

鲁　老爷，你想见一见她么？

朴　不，不。谢谢你。

鲁　她的命很苦。离开了周家，周家少爷就娶了一位有钱有门第的小姐。她一个单身人，无亲无故，带着一个孩子在外乡什么事都做。讨饭，缝衣服，当老妈，在学校里伺候人。

朴　她为什么不再找到周家？

鲁　大概她是不愿意吧？为着她自己的孩子她嫁过两次。

朴　嗯，以后她又嫁过两次。

鲁　嗯，都是很下等的人。她遇人都很不如意，老爷想帮一帮她么？

朴　好，你先下去。让我想一想。

鲁　老爷，没有事了？（望着朴园，眼泪要涌出）老爷，您那雨衣，我怎么说？

朴　你去告诉四凤，叫她把我樟木箱子里那件旧雨衣拿出来，顺便把那箱子里的几件旧衬衣也捡出来。

鲁　旧衬衣？

朴　你告诉她在我那顶老的箱子里，纺绸的衬衣，没有领子的。

鲁　老爷那种纺绸衬衣不是一共有五件？您要哪一件？

朴　要哪一件？

鲁　不是有一件，在右袖襟上有个烧破的窟窿，后来用丝线绣成一朵梅花补上的？还有一件，——

朴　（惊愕）梅花？

鲁　还有一件绸衬衣，左袖襟也绣着一朵梅花，旁边还绣着一个萍字。还有一件，——

朴　（徐徐立起）哦，你，你，你是——

鲁　我是从前伺候过老爷的下人。

朴　哦，侍萍！（低声）怎么，是你？

鲁　你自然想不到，侍萍的相貌有一天也会老得连你都不认识了。

朴　你——侍萍？（不觉地望望柜上的相片，又望鲁妈。）

鲁　朴园，你找侍萍么？侍萍在这儿。

朴　（忽然严厉地）你来干什么？

鲁　不是我要来的。

朴　谁指使你来的？

鲁　（悲愤）命！不公平的命指使我来的。

朴　（冷冷地）三十年的工夫你还是找到这儿来了。

鲁　（愤怨）我没有找你，我没有找你，我以为你早死了。我今天没想到到这儿来，这是天要我在这儿又碰见你。

朴　你可以冷静点。现在你我都是有子女的人，如果你觉得心里有委屈，这么大年纪，我们先可以不必哭哭啼啼的。

鲁　哭？哼，我的眼泪早哭干了，我没有委屈，我有的是恨，是悔，是三十年一天一天我自己受的苦。你大概已经忘了你做的事了！三十年前，过年三十的晚上我生下你的第二个儿子才三天，你为了要赶紧娶那位有钱有门第的小姐，你们逼着我冒着大雪出去，要我离开你们周家的门。

朴　从前的恩怨，过了几十年，又何必再提呢？

鲁　那是因为周大少爷一帆风顺，现在也是社会上的好人物。可是自从我被你们家赶出来以后，我没有死成，我把我的母亲可给气死了，我亲生的两个孩子你们家里逼着我留在你们家里。

朴　你的第二个孩子你不是已经抱走了么？

鲁　那是你们老太太看着孩子快死了，才叫我抱走的。（自语）哦，天哪，我觉得我像在做梦。

朴　我看过去的事不必再提起来吧。

鲁　我要提，我要提，我闷了三十年了！你结了婚，就搬了家，我以为这一辈子也见不着你了；谁知道我自己的孩子个个命定要跑到周家来，又做我从前在你们家做过的事。

朴　怪不得四凤这样像你。

鲁　我伺候你，我的孩子再伺候你生的少爷们。这是我的报应，我的报应。

朴　你静一静。把脑子放清醒点。你不要以为我的心是死了，你以为一个人做了一件于心不忍的事就会忘了么？你看这些家具都是你从前顶喜欢的东西，多少年我总是留着，为着纪念你。

鲁　（低头）哦。

朴　你的生日——四月十八——每年我总记得。一切都照着你是正式嫁过周家的人看，甚至于你因为生萍儿，受了病，总要关窗户，这些习惯我都保留着，为的是不忘你，弥补我的罪过。

鲁　（叹一口气）现在我们都是上了年纪的人，这些傻话请你不必说了。

朴　那更好了。那么我们可以明明白白地谈一谈。

鲁　不过我觉得没有什么可谈的。

朴　话很多。我看你的性情好像没有大改，——鲁贵像是个很不老实的人。

鲁　你不明白。他永远不会知道的。

朴　那双方面都好。再有，我要问你的，你自己带走的儿子在哪儿？

鲁　他在你的矿上做工。

朴　我问，他现在在哪儿？

鲁　就在门房等着见你呢。

朴　什么？鲁大海？他！我的儿子？

鲁　他的脚趾头因为你的不小心，现在还是少一个的。

朴　（冷笑）这么说，我自己的骨肉在矿上鼓励罢工，反对我！

鲁　他跟你现在完完全全是两样的人。

朴　（沉静）他还是我的儿子。

鲁　你不要以为他还会认你做父亲。

朴　（忽然）好！痛痛快快地！你现在要多少钱吧？

鲁　什么？

朴　留着你养老。

鲁　（苦笑）哼，你还以为我是故意来敲诈你，才来的么？

朴　也好，我们暂且不提这一层。那么，我先说我的意思。你听着，鲁贵我现在要辞退的，四凤也要回家。不过——

鲁　你不要怕，你以为我会用这种关系来敲诈你么？你放心，我不会的。大后天我就会带四凤回到我原来的地方。这是一场梦，这地方我绝对不会再住下去。

朴　好得很，那么一切路费，用费，都归我担负。

鲁　什么？

朴　这于我的心也安一点。

鲁　你？（笑）三十年我一个人都过了，现在我反而要你的钱？

朴　好，好，好，那么，你现在要什么？

鲁　（停一停）我，我要点东西。

朴　什么？说吧？

鲁　（泪满眼）我——我——我只要见见我的萍儿。

朴　你想见他？

鲁　嗯，他在哪儿？

朴　他现在在楼上陪着他的母亲看病。我叫他，他就可以下来见你。不过是——

鲁　不过是什么？

朴　他很大了。

鲁　（追忆）他大概是二十八了吧？我记得他比大海只大一岁。

朴　并且他以为他母亲早就死了的。

鲁　哦，你以为我会哭哭啼啼地叫他认母亲么？我不会那样傻的。我难道不知道这样的母亲只给自己的儿子丢人么？我明白他的地位，他的教育，不容他承认这样的母亲。这些年我也学乖了，我只想看看他，他究竟是我生的孩子。你不要怕，我就是告诉他，白白地增加他的烦恼，他自己也不愿意认我的。

朴　那么，我们就这样解决了。我叫他下来，你看一看他，以后鲁家的人永远不许再到周家来。

鲁　好，希望这一生不至于再见你。

朴　（由衣内取出皮夹的支票签好）很好，这是一张五千块钱的支票，你可以先拿去用。算是弥补我一点罪过。

鲁 （接过支票）谢谢你。（慢慢撕碎支票）

朴 侍萍。

鲁 我这些年的苦不是你拿钱算得清的。

朴 可是你——

（外面争吵声。鲁大海的声音："放开我，我要进去。"三四男仆声："不成，不成，老爷睡觉呢。"门外有男仆等与大海挣扎声。）

朴 （走至中门）来人！（仆人由中门进）谁在吵？

仆人 就是那个工人鲁大海！他不讲理，非见老爷不可。

朴 哦。（沉吟）那你就叫他进来吧。等一等，叫人到楼上请大少爷下来，我有话问他。

仆人 是，老爷。

（仆人由中门下。）

朴 （向鲁妈）侍萍，你不要太固执。这一点钱你不收下，将来你会后悔的。

鲁 （望着他，一句话也不说。）

（仆人领着大海进，大海站在左边，三四仆人立一旁。）

海 （见鲁妈）妈，您还在这儿？

朴 （打量鲁大海）你叫什么名字？

海 （大笑）董事长，您不要同我摆架子，您难道不知道我是谁么？

朴 你？我只知道你是罢工闹得最凶的工人代表。

海 对了，一点儿也不错，所以才来拜望拜望您。

朴 你有什么事吧？

海 董事长当然知道我是为什么来的。

朴 （摇头）我不知道。

海 我们老远从矿上来，今天我又在您府上大门房里从早上六点钟一直等到现在，我就是要问问董事长，对于我们工人的条件，究竟是允许不允许？

朴 哦，——那么，那三个代表呢？

海 我跟你说吧，他们现在正在联络旁的工会呢。

朴 哦，——他们没有告诉你旁的事情么？

海 告诉不告诉于你没有关系。——我问你，你的意思，忽而软，忽而硬，究竟是怎么回子事？

（周萍由饭厅上，见有人，即想退回。）

朴 （看萍）不要走，萍儿！（视鲁妈，鲁妈知萍为其子，眼泪汪汪地望着他。）

萍 是，爸爸。

朴 （指身侧）萍儿，你站在这儿。（向大海）你这么只凭意气是不能交涉事情的。

海　哼，你们的手段，我都明白。你们这样拖延时候，不过是想去花钱收买少数不要脸的败类，暂时把我们骗在这儿。

朴　你的见地也不是没有道理。

海　可是你完全错了。我们这次罢工是有团结的，有组织的。我们代表这次来并不是来求你们。你听清楚，不求你们。你们允许就允许；不允许，我们一直罢工到底，我们知道你们不到两个月整个地就要关门的。

朴　你以为你们那些代表们，那些领袖们都可靠吗？

海　至少比你们只认识洋钱的结合要可靠得多。

朴　那么我给你一件东西看。

（朴园在桌上找电报，仆人递给他；此时周冲偷偷由左书房进，在旁谛听。）

朴　（给大海电报）这是昨天从矿上来的电报。

海　（拿过去读）什么？他们又上工了。（放下电报）不会，不会。

朴　矿上的工人已经在昨天早上复工，你当代表的反而不知道么？

海　（惊，怒）怎么矿上警察开枪打死三十个工人就白打了么？（又看电报，忽然笑起来）哼，这是假的。你们自己假作的电报来离间我们的。（笑）哼，你们这种卑鄙无赖的行为！

萍　（忍不住）你是谁？敢在这儿胡说？

朴　萍儿！没有你的话。（低声向大海）你就这样相信你那同来的几个代表么？

海　你不用多说，我明白你这些话的用意。

朴　好，那我把那复工的合同给你瞧瞧。

海　（笑）你不要骗小孩子，复工的合同没有我们代表的签字是不生效力的。

朴　哦，（向仆人）合同！（仆人由桌上拿合同递他）你看，这是他们三个人签字的合同。

海　（看合同）什么？（慢慢地，低声）他们三个人签了字。他们怎么会不告诉我，自己就签了字呢？他们就这样把我不理啦。

朴　对了，傻小子，没有经验只会胡喊是不成的。

海　那三个代表呢？

朴　昨天晚车就回去了。

海　（如梦初醒）他们三个就骗了我了，这三个没有骨头的东西，他们就把矿上的工人们卖了。哼，你们这些不要脸的董事长，你们的钱这次又灵了。

萍　（怒）你混账！

朴　不许多说话。（回头向大海）鲁大海，你现在没有资格跟我说话——矿上已经把你开除了。

海　开除了!?

冲　爸爸，这是不公平的。

朴　（向冲）你少多嘴，出去！（冲由中门走下。）

海　哦，好，好，（切齿）你的手段我早就领教过，只要你能弄钱，你什么都做得出来。你叫警察杀了矿上许多工人，你还——

朴　你胡说！

鲁　（至大海前）别说了，走吧。

海　哼，你的来历我都知道，你从前在哈尔滨包修江桥，故意叫江堤出险，——

朴　（厉声）下去！

（仆人等拉他，说“走！走！”）

海　（对仆人）你们这些混账东西，放开我。我要说，你故意淹死了两千二百个小工，每一个小工的性命你扣三百块钱！姓周的，你发的是绝子绝孙的昧心财！你现在还——

萍　（忍不住气，走到大海面前，重重地打他两个嘴巴。）你这种混帐东西！

（大海立刻要还手，但是被周宅的仆人们拉住。）

萍　打他。

海　（向萍高声）你，你！（正要骂，仆人一起打大海。大海头流血。鲁妈哭喊着护大海。）

朴　（厉声）不要打人！（仆人们停止打大海，仍拉着大海的手。）

海　放开我，你们这一群强盗！

萍　（向仆人们）把他拉下去。

鲁　（大哭起来）哦，这真是一群强盗！（走至萍前，抽咽）你是萍，——凭——凭什么打我的儿子？

萍　你是谁？

鲁　我是你的——你打的这个人的妈。

海　妈，别理这东西，您小心吃了他们的亏。

鲁　（呆呆地看着萍的脸，忽而又大哭起来）大海，走吧，我们走吧。（抱着大海受伤的头哭。）

（大海为仆人拥下，鲁妈亦下。台上只有朴园与周萍。）

萍　（过意不去地）父亲。

朴　你太莽撞了。

萍　可是这个人不应该乱侮辱父亲的名誉啊。

（半晌。）

朴　克大夫给你母亲看过了么？

萍　看完了，没有什么。

朴　哦，（沉吟，忽然）来人！

（仆人由中门上。）

朴　你告诉太太，叫她把鲁贵跟四凤的工钱算清楚，我已经把他们辞了。

仆人　是，老爷。

萍　怎么？他们两个怎么样了？

朴　你不知道刚才这个工人也姓鲁，他就是四凤的哥哥么？

萍　哦，这个人就是四凤的哥哥？不过，爸爸——

朴　（向下人）跟太太说，叫账房给鲁贵同四凤多算两个月的工钱，叫他们今天就去。去吧。

（仆人由饭厅下。）

萍　爸爸，不过四凤同鲁贵在家里都很好。很忠诚的。

朴　哦，（呵欠）我很累了。我预备到书房歇一下。你叫他们送一碗浓一点的普洱茶来。

萍　是，爸爸。

（朴园由书房下。）

萍　（叹一口气）嗨！（急由中门下，冲适由中门上。）

冲　（着急地）哥哥，四凤呢？

萍　我不知道。

冲　是父亲要辞退四凤么？

萍　嗯，还有鲁贵。

冲　即使是她的哥哥得罪了父亲，我们不是把人家打了么？为什么欺负这么一个女孩子干什么？

萍　你可问父亲去。

冲　这太不讲理了。

萍　我也这样想。

冲　父亲在哪儿？

萍　在书房里。

（冲走至书房，萍在屋里踱来踱去[②]。四凤由中门走进，颜色苍白，泪还垂在眼角。）

萍　（忙走至四凤前）四凤，我对不起你，我实在不认识他。

四　（用手摇一摇，满腹说不出的话。）

萍　可是你哥哥也不应该那样乱说话。

四　不必提了，错得很。（即向饭厅去）

萍　你干什么去？

四　我收拾我自己的东西去。再见吧，明天你走，我怕不能看你了。

萍　不，你不要去。（拦住她）

四　不，不，你放开我。你不知道我们已经叫你们辞了么？

萍　（难过）凤，你——你饶恕[3]我么？

四　不，你不要这样。我并不怨你，我知道早晚是有这么一天的，不过，今天晚上你千万不要来找我。

萍　可是，以后呢？

四　那——再说吧！

萍　不，四凤，我要见你，今天晚上，我一定要见你，我有许多话要同你说。四凤，你……

四　不，无论如何，你不要来。

萍　那你想旁的法子来见我。

四　没有旁的法子。你难道看不出这是什么情形么？

萍　要这样，我是一定要来的。

四　不，不，你不要胡闹，你千万不……

（繁漪由饭厅上。）

四　哦，太太。

繁　你们在这儿啊！（向四凤）等一会儿，你的父亲叫电灯匠就回来。什么东西，我可以交给他带回去。也许我派人跟你送去——你家住在什么地方？

四　杏花巷十号。

繁　你不要难过，没事可以常来找我。送给你的衣服，我回头叫人送到你那里去。是杏花巷十号吧？

四　是，谢谢太太。

（鲁妈在外面叫：四凤！四凤！）

四　妈，我在这儿。

（鲁妈由中门上。）

鲁　四凤，收拾收拾零碎的东西，我们先走吧。快下大雨了。

（风声，雷声渐起。）

四　是，妈妈。

鲁　（向繁漪）太太，我们走了。（向四凤）四凤，你跟太太谢谢。

四　（向太太请安）太太，谢谢！（含着眼泪看萍，萍缓缓地转过头去。）

（鲁妈与四凤由中门下，风雷声更大。）

繁　萍，你刚才同四凤说的什么？

萍　你没有权利问。

繁　萍，你不要以为她会了解你。

萍　你这是什么意思？

繁　你不要再骗我，我问你，你说要到哪儿去？

萍　用不着你问。请你自己放尊重一点。

繁　你说，你今天晚上预备上哪儿去？

萍　我——（突然）我找她。你怎么样？

繁　（恫吓地）你知道她是谁，你是谁么？

萍　我不知道，我只知道我现在真喜欢她，她也喜欢我。过去这些日子，我知道你早明白得很，现在你既然愿意说破，我当然不必瞒你。

繁　你受过这样高等教育的人现在同这么一个底下人的女儿，这是一个下等女——

萍　（爆烈）你胡说！你不配说她下等，你不配，她不像你，她——

繁　（冷笑）小心，小心！你不要把一个失望的女人逼得太狠了，她是什么事都做得出来的。

萍　我已经打算好了。

繁　好，你去吧！小心，现在（望窗外，自语，暗示着恶兆地）风暴就要起来了！

萍　（领悟地）谢谢你，我知道。

（朴园由书房上。）

朴　你们在这儿说什么？

萍　我正跟母亲说刚才的事情呢。

朴　他们走了么？

繁　走了。

朴　繁漪，冲儿又叫我说哭了，你叫他出来，安慰安慰他。

繁　（走到书房门口）冲儿！冲儿！（不听见里面答应的声音，便走进去。）

（外面风雷大作。）

朴　（走到窗前望外面，风声甚烈，花盆落地打碎的声音。）萍儿，花盆叫大风吹倒了，你叫下人快把这窗关上。大概是暴雨就要下来了。

萍　是，爸爸！（由中门下）

（朴园站在窗前，望着外面的闪电。）

——幕落

【注释】

①汗涔涔（cén）：形容汗水不断往下流。

②踱（duó）来踱去：指慢慢地走来走去，来回走动。

③饶恕（ráo shù）：指原谅过错、冒犯或失礼之处，不计较过错。

相关知识

一、作者简介

曹禺（1910—1996），原名万家宝，字小石，小名添甲，汉族，祖籍湖北潜江，出生于天津一个没落的封建官僚家庭，中国杰出的现代话剧剧作家，代表作品有《雷雨》《日出》《原野》《北京人》。

二、关于《雷雨》

《雷雨》是剧作家曹禺创作的一部话剧，发表于 1934 年 7 月《文学季刊》。

此剧以 1925 年前后的中国社会为背景，描写了一个带有浓厚封建色彩的资产阶级家庭的悲剧。剧中以两个家庭、八个人物、三十年的恩怨为主线，写了伪善的资本家周朴园、受新思想影响的单纯少年周冲、被冷漠的家庭逼疯了和被爱情伤得体无完肤的女人繁漪、对过去所作所为充满了罪恶感的周萍、意外归来的鲁妈、单纯的爱与被爱的四凤、受压迫的工人鲁大海、贪得无厌的管家等。不论是家庭秘密还是身世秘密，所有的矛盾都在雷雨之夜爆发。剧本叙述了家庭矛盾，怒斥了封建家庭的腐朽，同时，反映了更为深层的社会及时代问题。

课堂训练

阅读《雷雨》，请同学们分角色来表演第二幕。

综合练习

1. 当鲁侍萍讲述往事时，周朴园的心理有怎样的变化？

2. 周朴园是怎样一个人？

3. 课文结尾处写周萍动手打鲁大海，目睹这个场面侍萍有什么反应？

阅读材料

我是潜江人

曹　禺

多少年来，我像是一个没有故乡的人。我走过不少地方，没有一处使我感到这是我的故乡，是我的父母之邦。我像是一只南来北往的飞鸟，山山水水，高山平原……我认识许多人，听过许多熟悉和不熟悉的声音，但没有一处使我感到如此亲切，如此动心，像“潜江人”这三个字，使我从心里觉得温暖、明亮。有人问我：“你贵处哪里？”我答：“潜江。”我从来没有到过潜江，但近八十年了，我认为我是潜江人，这种贴心的情感，不知怎样造成的。我爱潜江，这不是模模糊糊的几个字，像是其中有血与肉的联系。大约是我从婴儿时，父母的声音笑貌，我吃的家乡带来的食物，或者家庭中那种潜江空气，使我从小到大认为自己是个地地道道的潜江人。“月是故乡明”，我真觉得潜江的月亮比哪个地方的都圆、都亮，这种乡土的情感也许有点偏执，但我认为中国人的爱国思想有一个原因是从乡土来的。一出国门，人家问，先生从何处来？我便自豪地说：“我是中国人！”

我病了一年多，一天也不能出医院。这次潜江开一个这样隆重的会，我确实不能参加。我只感到，我工作一生的成绩不多，也不能令人满意，只有潜江故乡人的深情，才办得这样光彩。老实说，我作为一个文艺工作者，不值得我的众多老乡和许多朋友如此看重的。我打心里感谢潜江父老，潜江家乡的领导和各位专家学者。我是十分感谢的！

当代文学

（1949—　）

Chinese literature

中国文学

第三十七课

致橡树

舒　婷

我如果爱你——
绝不象攀援[1]的凌霄花，
借你的高枝炫耀自己；
我如果爱你——
绝不学痴情的鸟儿，
为绿荫重复单纯的歌曲；
也不止象泉源，
常年送来清凉的慰藉；
也不止象险峰，
增加你的高度，衬托你的威仪。
甚至日光。
甚至春雨。
不，这些都还不够！
我必须是你近旁的一株木棉，
作为树的形象和你站在一起。
根，紧握在地下，
叶，相触在云里。
每一阵风过，
我们都互相致意，
但没有人
听懂我们的言语。
你有你的铜枝铁干
象刀，象剑，
也象戟[2]；

我有我红硕的花朵，
象沉重的叹息，
又象英勇的火炬。
我们分担寒潮、风雷、霹雳③；
我们共享雾霭④、流岚、虹霓⑤，
仿佛永远分离，
却又终身相依。
这才是伟大的爱情，
坚贞就在这里：
爱——
不仅爱你伟岸的身躯，
也爱你坚持的位置，足下的土地。

【注释】

①攀援：抓住或依附他物而移动、延伸。

②戟（jǐ）：古代兵器，在长柄的一端装有青铜或铁制成的枪尖，旁边附有月牙形锋刃。

③霹雳（pī lì）：指又急又响的雷，是云与地面之间发生的强烈雷电现象。

⑤雾霭（wù'ǎi）：形容雾气腾腾的样子。

⑤虹霓（hóng ní）：雨后初晴天空常常会出现美丽的七色彩虹。

相关知识

一、作者简介

舒婷，福建晋江人。中国当代女诗人，朦胧诗派的代表人物之一。出版诗集《双桅船》《会唱歌的鸢尾花》等。

二、关于《致橡树》

这首诗通过整体象征的艺术手法，用“木棉”对“橡树”的内心独白，热情而坦诚地歌唱自己的人格理想以及要求比肩而立、各自独立又深情相对的爱情观。可以看出，诗人在选取诗歌创作材料时有着精心的设计：橡树是那样适合代表男性的阳刚之美，而木棉则又是那样贴切地代表了女性的自强自立以及与男性平等的要求。这首诗一诞生，橡树和木棉就成为我国爱情诗中一组崭新的意象。《致橡树》强调爱情世界中个体精神独立的重要性，反映了新时代女性的心声。

课堂训练

1．配乐朗诵《致橡树》。

2．讨论：如何培养女性的独立精神。

综合练习

1．下列意象在诗中表达了什么，请总结。

凌霄花

鸟儿

泉源

险峰

日光

春雨

2. 诗中的对偶句表达了诗人怎样的爱情观？

3. 诗中出现了哪些人称代词，分别代表了什么？

阅读材料

祖国啊，我亲爱的祖国

舒 婷

我是你河边上破旧的老水车，
数百年来纺着疲惫的歌；
是你额上熏黑的矿灯，
照在你历史的隧洞里蜗行摸索；
我是干瘪的稻穗；是失修的路基；
是淤滩上的驳船
把纤绳深深
勒进你的肩膊；
——祖国啊！
我是贫困，
我是悲哀。
我是你祖祖辈辈
痛苦的希望呵，
是“飞天”袖间
千百年来未落在地面的花朵；
——祖国啊！
我是你簇新的理想，
刚从神话的蛛网里挣脱；
我是你雪被下古莲的胚芽；
我是你挂着眼泪的笑涡；
我是新刷出的雪白的起跑线；
是绯红的黎明
正在喷薄；

——祖国啊！

我是你的十亿分之一，

是你九百六十万平方的总和；

你以伤痕累累的乳房

喂养了

迷惘的我、深思的我、沸腾的我；

那就从我的血肉之躯上

去取得

你的富饶、你的荣光、你的自由；

——祖国啊，

我亲爱的祖国！

第三十八课

一代人

顾　城

黑夜给了我黑色的眼睛
我却用它寻找光明

相关知识

一、作者简介

顾城（1956—1993），生于北京。朦胧诗派代表诗人之一。著有诗集《白昼的月亮》《北方的孤独者之歌》《铁铃》《黑眼睛》等。

二、写作时间

这首诗作于1979年4月，发表于《星星》诗刊1980年第3期，后收录于作者诗集《黑眼睛》。全诗只有两句，且诗中出现的意象都是日常生活中极为常见的现象：黑夜、眼睛、光明。正因如此，这首诗歌具有了引人深思的魅力。两句诗新奇的组合，看似相悖的转折，实则蕴含着奇妙的合理性。

三、艺术特点

这首诗在艺术手法上也充分体现了顾城诗歌的艺术特色，在意象的营构上匠心独具。诗人采用了与生命感受密切相关的意象，用出人意料的组合表达了他对世界、生活、生命的新鲜体验。这首诗在审美原则上是全新的。它避开了情感的直抒，放弃了景象的叙述，它没有着意建构完整的意境，只是用意象隐喻，在浓重的黑色背景上凸现了一双不同寻常的“黑色的眼睛”（一代人觉醒的象征），在眼睛的前方，似乎可以看到从乌云的缝隙中射出一束白光。

短短的两句诗，概括了一代人的心理历程，表达了对动乱年代的否定、对光明的向往与追求。这首诗说明了诗是精粹的艺术，它的思想内容高度凝练，艺术表现上高度提纯，具有小说、散文等文体所不能有的力度和容量。

课堂训练

朗读并背诵《一代人》。

综合练习

1.“黑夜”象征什么？

2.“黑色的眼睛”在这里有双重寓意，请用简要语言将这双重寓意写出来。

（1）指____

（2）指____

3.“用它寻找光明”这是对黑夜的________。（用两个字回答）

阅读材料

远和近

顾　城

你，
一会看我，
一会看云。
我觉得，
你看我时很远，
你看云时很近。

中国文学

第三十九课

面朝大海，春暖花开

海　子

从明天起，做一个幸福的人
喂马，劈柴[1]，周游世界
从明天起，关心粮食和蔬菜
我有一所房子，面朝大海，春暖花开

从明天起，和每一个亲人通信
告诉他们我的幸福
那幸福的闪电告诉我的
我将告诉每一个人

给每一条河每一座山取一个温暖的名字
陌生人，我也为你祝福
愿你有一个灿烂的前程
愿你有情人终成眷属[2]
愿你在尘世[3]获得幸福
我只愿面朝大海，春暖花开

【注释】

①劈柴：把木头劈成小木块或小木条。
②眷属：通常指家眷、亲属或夫妻。
③尘世：指人间、俗世。

相关知识

一、作者简介

海子（1964—1989），原名查海生，出生于安徽省怀宁县高河镇查湾村，当代诗人。出版了《土地》《海子的诗》《海子诗全编》等。

二、诗歌主题

这首诗以朴素明朗而又隽永清新的语言，唱出诗人的真诚善良。抒情主人公想要“做一个幸福的人”，愿意把“幸福的闪电”告诉每一个人，即使面对陌生人，诗人也会真诚地祝福他“在尘世获得幸福”。诗人想象中的尘世，一切都那样新鲜可爱，充满生机与活力，字里行间透出积极、昂扬的情感。

课堂训练

1. 朗读并背诵《面朝大海，春暖花开》。

2. 讨论：人如何获得幸福。

综合练习

1. 如何理解“从明天起，关心粮食和蔬菜”？

2. “幸福的闪电”传达出诗人什么感受？

3. 这首诗的主要意象是什么？

4. 为什么要以“面朝大海，春暖花开”为题目？

阅读材料

祖国
（或以梦为马）

海子

我要做远方的忠诚的儿子
和物质的短暂情人
和所有以梦为马的诗人一样
我不得不和烈士和小丑走在同一道路上

万人都要将火熄灭　我一人独将此火高高举起
此火为大　开花落英于神圣的祖国
和所有以梦为马的诗人一样
我借此火得度一生的茫茫黑夜

此火为大　祖国的语言和乱石投筑的梁山城寨
以梦为上的敦煌——那七月也会寒冷的骨骼
如雪白的柴和坚硬的条条白雪　横放在众神之山
和所有以梦为马的诗人一样
我投入此火　这三者是囚禁我的灯盏　吐出光辉

万人都要从我刀口走过　去建筑祖国的语言
我甘愿一切从头开始

和所有以梦为马的诗人一样
我也愿将牢底坐穿

众神创造物中只有我最易朽　带着不可抗拒的死亡的速度
只有粮食是我珍爱　我将她紧紧抱住　抱住她在故乡生儿育女
和所有以梦为马的诗人一样
我也愿将自己埋葬在四周高高的山上　守望平静的家园

面对大河我无限惭愧
我年华虚度　空有一身疲倦
和所有以梦为马的诗人一样
岁月易逝　一滴不剩　水滴中有一匹马儿一命归天

千年后如若我再生于祖国的河岸
千年后我再次拥有中国的稻田　和周天子的雪山　天马踢踏
和所有以梦为马的诗人一样
我选择永恒的事业

我的事业　就是要成为太阳的一生
他从古至今——“日”——他无比辉煌无比光明
和所有以梦为马的诗人一样
最后我被黄昏的众神抬入不朽的太阳

太阳是我的名字
太阳是我的一生
太阳的山顶埋葬　诗歌的尸体——千年王国和我
骑着五千年凤凰和名字叫“马”的龙——我必将失败
但诗歌本身以太阳必将胜利

第四十课

乡　愁

余光中

小时候
乡愁是一枚小小的邮票
我在这头
母亲在那头

长大后
乡愁是一张窄窄的船票
我在这头
新娘在那头

后来啊
乡愁是一方矮矮的坟墓
我在外头
母亲在里头

而现在
乡愁是一湾浅浅的海峡
我在这头
大陆在那头

相关知识

一、作者简介

余光中（1928—2017），祖籍福建永春。1947 年就读于金陵大学外文系，翌年转入厦门大学。同年随父母去香港，次年到台湾。1952 年从台湾大学外文系毕业，1959 年获美国艾奥瓦大学艺术硕士。主编《现代文学》《文星》。1974—1985 年任香港中文大学中文系教授，1985 年返台任教。出版诗集《在冷战的年代》《白玉苦瓜》《天狼星》《紫荆赋》《守夜人》等。

二、创作背景

余光中出生于江苏南京，1949 年 7 月随父母迁香港、1950 年 5 月到台湾。由于政治原因，台湾和大陆长时间隔绝，余光中多年没有回过大陆。他一直思念亲人，渴望祖国的统一和亲人的团聚。该诗写于 1972 年，在强烈的思乡之情中，诗人在台北厦门街的旧居内写下了这首诗。

课堂训练

1. 朗读并背诵《乡愁》。

2. 讨论：诗的最后一节表达了诗人怎样的愿望？

综合练习

1. 余光中的《乡愁》用了哪些形象来表现其乡愁？

2. 诗中用了哪些巧妙的比喻？有什么表达效果？

3. 以“乡愁是……”写四句话。

阅读材料

灵 感

余光中

你光彩照人的热带小鸟，
欢喜在我头顶来回飞绕，
每次在我的掌中挣脱，
只落下一片蓝色的羽毛。
我把它拾起插在帽边，
行人看到都异常惊羡。
哦，我怎能捉回飞去的小鸟，
让他们象我样看个完全！

第四十一课

一棵开花的树

席慕蓉

如何让你遇见我
在我最美丽的时刻　为这
我已在佛前　求了五百年
求它让我们结一段尘缘①

佛于是把我化做一棵树
长在你必经的路旁
阳光下慎重地开满了花
朵朵都是我前世的盼望

当你走近　请你细听
那颤抖②的叶是我等待的热情
而当你终于无视地走过
在你身后落了一地的
朋友啊　那不是花瓣
是我凋零③的心

【注释】

①尘缘：与尘世的缘分。
②颤抖：指身体某个部位发抖。
③凋零：指衰败。

相关知识

一、作者简介

席慕蓉（1943—　），蒙古族，全名穆伦·席连勃，祖籍内蒙古察哈尔部，当代台湾画家、诗人、散文家。1963 年毕业于台湾师范大学美术系，1966 年在比利时布鲁塞尔皇家艺术学院完成进修。著有诗集、散文集、画册及选本等五十余种。

二、创作背景

席慕蓉回忆说，当时自己在台湾新竹师范学院教书，有一次坐火车经过苗栗的山间，火车不断从山洞间进出。当火车从一个很长的山洞出来以后，她无意间回头朝山洞后面的山地上张望，看到高高的山坡上有一棵油桐开满了白色的花。“那时候我差点叫起来，我想怎么有这样一棵树，这么慎重地把自己全部开满了花，看不到绿色的叶子，像华盖一样地站在山坡上。可是，我刚要仔细看的时候，火车一转弯，树就看不见了。”就是这棵真实地存在于席慕蓉生命现场里的油桐，让她念念不忘。席慕蓉说：“这是我写给自然界的一首情诗。我在生命现场遇见了一棵开花的树，我在替它发声。”

三、席慕蓉诗歌特点

诗中呈现舒缓的音乐风格，充满了田园式的牧歌情调。她的诗歌都以人物为中心，在浅白的诉说中，很容易看出她的真诚，具有冲淡的美学特点。她的诗歌擅长使用问句，问句无论是出现在文中或文末，她想要表达的可能都是一种模糊、不确定的心态，她不仅在自问，同时也在向读者发问。

课堂训练

朗读并背诵《一棵开花的树》。

综合练习

1. 掌握下列词语。

尘缘　颤抖　花瓣　凋零

2. 仿写练习。

如何让你遇见我
在我最美丽的时刻　为这
…………

3. 描写一种自己喜欢的植物。

阅读材料

青　春

席慕蓉

所有的结局都已写好
所有的泪水也都已启程
却忽然忘了是怎么样的一个开始
在那个古老的不再回来的夏日
无论我如何地去追索
年轻的你只如云影掠过
而你微笑的面容极浅极淡
逐渐隐没在日落后的群岚
遂翻开那发黄的扉页
命运将它装订得极为拙劣
含着泪　我一读再读
却不得不承认
青春是一本太仓促的书

第四十二课

飞动之美

宗白华

前面讲《考工记》的时候，已经讲到古代工匠喜欢把生气勃勃的动物形象用到艺术上去。这比起希腊来，就很不同。希腊建筑上的雕刻，多半用植物叶子构成花纹图案。中国古代雕刻却用龙、虎、鸟、蛇这一类生动的动物形象，至于植物花纹，要到唐代以后才逐渐兴盛起来。

在汉代，不但舞蹈、杂技等艺术十分发达，就是绘画、雕刻，也无一不呈现一种飞舞的状态。图案画常常用云彩、雷纹和翻腾的龙构成，雕刻也常常是雄壮的动物，还要加上两个能飞的翅膀，充分反映了汉民族在当时的前进的活力。

这种飞动之美，也成为中国古代建筑艺术的一个重要特点。

《文选》①中有一些描写当时建筑的文章，描写当时城市宫殿建筑的华丽，看来似乎只是夸张，只是幻想。其实不然。我们现在从地下坟墓中发掘出来实物材料，那些颜色华美的古代建筑的点缀品，说明《文选》中的那些描写，是有现实根据的，离开现实并不是那么远的。

现在我们看《文选》中一篇王文考②作的《鲁灵光殿赋》。这篇赋告诉我们，这座宫殿内部的装饰，不但有碧绿的莲蓬和水草等装饰，尤其有许多飞动的动物形象：有飞腾的龙，有愤怒的奔兽，有红颜色的鸟雀，有张着翅膀的凤凰，有转来转去的蛇，有伸着颈子的白鹿，有伏在那里的小兔子，有抓着椽在互相追逐的猿猴，还有一个黑颜色的熊，背着一个东西，蹬在那里，吐着舌头。不但有动物，还有人：一群胡人，带着愁苦的样子，眼神憔悴，面对面跪在屋架的某一个危险的地方。上面则有神仙、玉女，“忽瞟眇以响象，若鬼神之仿佛”。在作了这样的描写之后，作者总结道：“图画天地，品类群生，杂物奇怪，山神海灵，写载其状，托之丹青，千变万化，事各胶形，随色象类，曲得其情。”这简直可以说是谢赫六法③的先声了。

不但建筑内部的装饰，就是整个建筑形象，也着重表现一种动态，中国建筑特有的“飞檐”，就是起这种作用。根据《诗经》的记载，周宣王的建筑已经象一只野鸡伸翅在飞（《斯干》），可见中国的建筑很早就趋向于飞动之美了。

【注释】

①《文选》：又称《昭明文选》，是中国现存最早的一部诗文选集，由南朝梁武帝的长子萧统组织文人共同编选。

②王文考：王延寿（约 140—约 165），字文考，一字子山，南郡宜城（今湖北襄阳宜城）人，东汉辞赋家。曾周游鲁国，作《鲁灵光殿赋》，叙述汉代建筑及壁画等。

③谢赫六法：中国古代美术品评作品的标准和重要美学原则。“六法”最早出现在南齐谢赫的著作《画品》中。六法论提出了一个初步完备的绘画理论体系框架——从表现对象的内在精神、表达画家对客体的情感和评价，到用笔刻画对象的外形、结构和色彩，以及构图和摹写作品等，都概括进去了。

相关知识

一、作者简介

宗白华（1897—1986），籍贯为江苏常熟虞山镇，中国现代哲学家、美学大师、诗人。著有《宗白华全集》及美学论文集《美学散步》《艺境》等。

二、作品出处

《飞动之美》节选自宗白华的《美学散步》中的《中国园林建筑艺术所表现的美学思想》一文。《美学散步》是宗白华美学论文的第一次结集出版。这个集子里的文章从不同的角度展现了作者的美学思想。书中谈到了“虚”与“实”、“舞”与“道”等问题，也谈到了对绘画、书法、雕塑、建筑的欣赏等。宗白华先生在书中没有构建什么美学体系，只是教我们如何欣赏艺术作品，教我们如何建立一种审美的态度直至形成艺术的人格，而这正是中国艺术美的精神所在。

课堂训练

讨论：中西建筑的差异。

综合练习

1. 中国古代建筑如何体现“飞动之美”？

2. 文章中提到了《考工记》，请了解这部书并概括其内容。

阅读材料

美学散步·小言

宗白华

散步是自由自在、无拘无束的行动，它的弱点是没有计划，没有系统。看重逻辑统一性的人会轻视它，讨厌它，但是西方建立逻辑学的大师亚里士多德的学派却唤做“散步学派”，可见散步和逻辑并不是绝对不相容的。中国古代一位影响不小的哲学家——庄子，他好像整天是在山野里散步，观看着鹏鸟、小虫、蝴蝶、游鱼，又在人间世里凝视一些奇形怪状的人：驼背、跛脚、四肢不全、心灵不正常的人，很象意大利文艺复兴时大天才达·芬奇在米兰街头散步时速写下来的一些“戏画”，现在竟成为“画院的奇葩”。庄子文章里所写的那些奇特人物大概就是后来唐、宋画家画罗汉时心目中的范本。

散步的时候可以偶尔在路旁折到一枝鲜花，也可以在路上拾起别人弃之不顾而自己感到兴趣的燕石。

无论鲜花或燕石，不必珍视，也不必丢掉，放在桌上可以做散步后的回念。

第四十三课

吃食和文学

汪曾祺

我有一次买牛肉。排在我前面的是一个中年妇女，看样子是个知识分子，南方人。轮到她了，她问卖牛肉的："牛肉怎么做?"我很奇怪，问："你没有做牛肉?"——"没有。我们家不吃牛羊肉。"——"那您买牛肉——?""我的孩子大了，他们会到外地去。我让他们习惯习惯，出去了好适应。"这位做母亲的用心良苦。我于是尽了一趟义务，把她请到一边，讲了一通牛肉做法，从清炖、红烧、咖喱牛肉，直到广东的蚝油炒牛肉、四川的水煮牛肉、干煸牛肉丝……

有人不吃羊肉。我们到内蒙去体验生活。有一位女同志不吃羊肉——闻到羊肉味都恶心，这可苦了。她只好顿顿吃开水泡饭，吃咸菜。看我吃手抓羊肉[①]、羊贝子（全羊）吃得那样香，直生气!

有人不吃辣椒。我们到重庆去体验生活。有几个女演员去吃汤圆，进门就嚷嚷"不要辣椒!"卖汤圆的冷冷地说："汤圆没有放辣椒的!"

许多东西不吃，"下去"，很不方便。到一个地方，听不懂那里的话，也很麻烦。我们到湘鄂赣去体验生活。在长沙，有一个同志的鞋坏了去修鞋，鞋铺里不收，"为什么?"——"修鞋的不好过。"——"什么?"——"修鞋的不好过!"我只得给他翻译一下，告诉他修鞋的今天病了，他不舒服。上了井冈山，更麻烦了：井冈山说的是客家话。我们听一位队长介绍情况，他说这里没有人肯当干部，他挺身而出，他老婆反对，说是"辣子毛补，两头秀腐"——"什么什么?"我又得给他翻译："辣椒没有营养，吃下去两头受苦。"这样一翻译可就什么味道也没有了。

我去看昆曲，"打虎游街""借茶活捉"……好戏。小丑的苏白尤其传神，我听得津津有味，不时发出笑声。邻座是一个唱花旦的京剧女演员，她听不懂，直着急，老问："他说什么?说什么?"我又不能逐句翻译，她很遗憾。

我有一次到民族饭店去找人，身后有几个少女在叽叽呱呱地说很地道的苏州话。一边的电梯来了，一个少女大声招呼她的同伴："乖面乖面（这边这边)!"我回头一看：说苏州话的是几个美国人！

我们那位唱花旦的女演员在语言能力上比这几个美国少女可差多了。

一个文艺工作者、一个作家、一个演员的口味最好杂一点，从北京的豆汁[②]到广东的龙虱[③]都尝尝（有些吃的我也招架不了，比如贵州的鱼腥草）；耳音要好一些，能多听懂几种方言，四川话、苏州话、扬州话（有些话我也一句不懂，比如温州话）。否则，是个损失。口味单调一点、耳音差一点，也还不要紧，最要紧的是对生活的兴趣要广一点。

【注释】

①手抓羊肉：吃煮熟的羊肉时一手抓肉，一手拿刀，割、挖、剔、片，把羊骨头上的肉吃得精光而得名。

②豆汁：老北京独具特色的传统小吃，是以绿豆为原料，将淀粉滤出制作粉条等食品后的剩余残渣进行发酵做成的，具有养胃、解毒、清火的功效。

③龙虱：广东的一种特色美食，广东人把它称为水蟑螂，粤语读甲由。水甲由食用时要先去掉足翅，然后把头除去，除头时要注意轻轻地连带拉出水甲由连接头部的内脏，以除去内脏的苦腥味。水甲由本身有轻微咸味，不用额外调味。放入口中，嚼一嚼，咯咯作响，其实没有多少肉可吃，只是有点咸鲜味，完全是过过口瘾的感觉。

相关知识

一、作者简介

汪曾祺（1920—1997），生于江苏省高邮市，中国当代作家、散文家、戏剧家。京派作家的代表人物。

二、汪曾祺散文的特点

汪曾祺的散文将传统文化融入其作品中，形成了轻淡闲适的风格，对文坛和散文的创作都产生了很大影响。其独到之处便是他在融入传统文化的过程中不是简单地镶嵌，而是有机统一地融进了他的创作思想和创作方法。他的散文与吃、喝、玩物、民俗等内容有关，所叙便是“闲”之物；他的话语不紧不慢，在平淡自然中流露出温柔敦厚，这便是“闲”之语；他在追求“天人合一”的人生哲学中把握个体生命的永恒，使得他的散文重和谐、重平和，这就是“闲”之情。

课堂训练

讨论：吃食与文学有什么关系？

综合练习

1. 什么是方言？文章中作者提到了哪些方言？

2. 文章最后说：“口味单调一点、耳音差一点，也还不要紧，最要紧的是对生活的兴趣要广一点。”如何理解这句话？

阅读材料

五　味

汪曾祺

山西人真能吃醋！几个山西人在北京下饭馆，坐定之后，还没有点菜，先把醋瓶子拿过来，每人喝了三调羹醋。邻座的客人直瞪眼。有一年我到太原去，快过春节了。

别处过春节，都供应一点好酒，太原的油盐店却都贴出一个条子：“供应老陈醋，每户一斤。”这在山西人是大事。

山西人还爱吃酸菜，雁北尤胜。什么都拿来酸，除了萝卜白菜，还包括杨树叶儿，榆树钱儿。有人来给姑娘说亲，当妈的先问，那家有几口酸菜缸。酸菜缸多，说明家底子厚。

辽宁人爱吃酸菜白肉火锅。

北京人吃羊肉酸菜汤下杂面。

福建人、广西人爱吃酸笋。我和贾平凹在南宁，不爱吃招待所的饭，到外面瞎吃。平凹一进门，就叫：“老友面！”“老友面”者，酸笋肉丝汆汤下面也，不知道为什么叫做“老友”。

傣族人也爱吃酸。酸笋炖鸡是名菜。

延庆山里夏天爱吃酸饭。把好好的饭焐酸了，用井拔凉水一和，呼呼地就下去了三碗。

都说苏州菜甜，其实苏州菜只是淡，真正甜的是无锡。无锡炒鳝糊放那么多糖！包子的肉馅里也放很多糖，没法吃！

四川夹沙肉用大片肥猪肉夹了洗沙蒸，广西芋头扣肉用大片肥猪肉夹芋泥蒸，都极甜，很好吃，但我最多只能吃两片。

广东人爱吃甜食。昆明金碧路有一家广东人开的甜品店，卖芝麻糊、绿豆沙，广东同学趋之若鹜。“番薯糖水”即用白薯切块熬的汤，这有什么好喝的呢？广东同学说：“好嘢！”

北方人不是不爱吃甜，只是过去糖难得。我家曾有老保姆，正定乡下人，六十多岁了。她还有个婆婆，八十几了。她有一次要回乡探亲，临行称了二斤白糖，说她的婆婆就爱喝个白糖水。

北京人很保守，过去不知苦瓜为何物，近年有人学会吃了。菜农也有种的了。农贸市场上有很好的苦瓜卖，属于“细菜”，价颇昂。

北京人过去不吃蕹菜，不吃木耳菜，近年也有人爱吃了。

北京人在口味上开放了！

北京人过去就知道吃大白菜。由此可见，大白菜主义是可以被打倒的。

北方人初春吃苣荬菜。苣荬菜分甜苣、苦苣，苦苣相当的苦。

有一个贵州的年轻女演员上我们剧团学戏，她的妈妈远迢迢给她寄来一包东西，是“择耳根”，或名“则尔根”，即鱼腥草。她让我尝了几根。这是什么东西？苦，倒不要紧，它有一股强烈的生鱼腥味，实在招架不了！

剧团有一干部，是写字幕的，有时也管杂务。此人是个吃辣的专家。他每天中午饭不吃菜，吃辣椒下饭。全国各地的，少数民族的，各种辣椒，他都千方百计地弄来吃。剧团到上海演出，他帮助搞伙食，这下好，不会缺辣椒吃。原以为上海辣椒不好买，他下车第二天就找到一家专卖各种辣椒的铺子。上海人有一些是能吃辣的。

我们吃辣是在昆明练出来的，曾跟几个贵州同学在一起用青辣椒在火上烧烧，蘸盐水下酒。平生所吃辣椒之多矣，什么朝天椒、野山椒，都不在话下。我吃过最辣的辣椒是在越南。一九四七年，由越南转道往上海，在海防街头吃牛肉粉。牛肉极嫩，汤极鲜，辣椒极辣，一碗汤粉，放三四丝辣椒就辣得不行。这种辣椒的颜色是桔黄色的。在川北，听说有一种辣椒本身不能吃，用一根线吊在灶上，汤做得了，把辣椒在汤里涮涮，就辣得不得了。云南佧佤族有一种辣椒，叫"涮涮辣"，与川北吊在灶上的辣椒大概不分上下。

四川不能说是最能吃辣的省份，川菜的特点是辣而且麻，——搁很多花椒。四川的小面馆的墙壁上黑漆大书三个字：麻辣烫。麻婆豆腐、干煸牛肉丝、棒棒鸡；不放花椒不行。花椒得是川椒，捣碎，菜做好了，最后再放。

周作人说他的家乡整年吃咸极了的咸菜和咸极了的咸鱼。浙东人确是吃得很咸。有个同学，是台州人，到铺子里吃包子，掰开包子就往里倒酱油。口味的咸淡和地域是有关系的，北京人说南甜北咸东辣西酸，大体不错。河北、东北人口重，福建菜多很淡。但这与个人的性格习惯也有关。湖北菜并不咸，但闻一多先生却嫌云南蒙自的菜太淡。

中国人过去对吃盐很讲究，是桃花盐、水晶盐，"吴盐胜雪"，现在全国都吃再制精盐。只有四川人腌咸菜还坚持用自贡产的井盐。

我不知道世界上还有什么国家的人爱吃臭。

过去上海、南京、汉口都卖油炸臭豆腐干。长沙火宫殿的臭豆腐因为一个大人物年轻时常吃而出了名。这位大人物后来还去吃过，说了一句话："火宫殿的臭豆腐还是好吃。""文化大革命"中火宫殿的影壁上就出现了两行大字：

最高指示：

火宫殿的臭豆腐还是好吃。

我们一个同志到南京出差，他的爱人是南京人，嘱咐他带一点臭豆腐干回来。他千方百计居然办到了。带到火车上，引起一车厢的人强烈抗议。

除豆腐干外，面筋、百叶（千张）皆可臭。蔬菜里的莴苣、冬瓜、豇豆皆可臭。冬笋的老根咬不动，切下来随手就扔到臭坛子里。——我们那里很多人家都有个臭坛子，一坛子"臭卤"，腌芥菜挤下的汁放几天即成"臭卤"。臭物中最特殊的是臭苋菜秆，苋菜长老了，主茎可粗如拇指，高三四尺，截成二寸许小段，入臭坛。臭熟后，外皮是硬的，里面的芯成果冻状。噙住一头，一吸，芯肉即入口中。这是佐粥的无上妙品。我们那里叫做"苋菜秸子"，湖南人谓之"苋菜咕"，因为吸起来"咕"的一声。

北京人说的臭豆腐指臭豆腐乳。过去是小贩沿街叫卖的：

“臭豆腐，酱豆腐，王致和的臭豆腐。”臭豆腐就贴饼子，熬一锅虾米皮白菜汤，好饭！现在王致和的臭豆腐用很大的玻璃方瓶装，很不方便，一瓶一百块，得很长时间才能吃完，而且卖得很贵，成了奢侈品。我很希望这种包装能改进，一器装五块足矣。

我在美国吃过最臭的“气死”（干酪），洋人多闻之掩鼻，对我说起来实在没有什么，比臭豆腐差远了。

甚矣，中国人口味之杂也，敢说堪为世界之冠。

第四十四课

丑　石

贾平凹

我常常遗憾我家门前的那块丑石呢：它黑黝黝地卧在那里，牛似的模样；谁也不知道是什么时候留在这里的，谁也不去理会它。只是麦收时节，门前摊了麦子，奶奶总是要说：这块丑石，多碍地面哟，多时把它搬走吧。

于是，伯父家盖房，想以它垒山墙，但苦于它极不规则，没棱角儿，也没平面儿；用錾[①]破开吧，又懒得花那么大气力，因为河滩并不甚远，随便去掮[②]一块回来，哪一块也比它强。房盖起来，压铺台阶，伯父也没有看上它。有一年，来了一个石匠，为我家洗一台石磨，奶奶又说：用这块丑石吧，省得从远处搬动。石匠看了看，摇着头，嫌它石质太细，也不采用。

它不像汉白玉那样的细腻，可以凿下刻字雕花，也不像大青石那样的光滑，可以供来浣纱[③]捶布；它静静地卧在那里，院边的槐荫没有庇覆它，花儿也不再在它身边生长。荒草便繁衍出来，枝蔓上下，慢慢地，竟锈上了绿苔、黑斑。我们这些做孩子的，也讨厌起它来，曾合伙要搬它走，但力气又不足；虽时时咒骂[④]它，嫌弃[⑤]它，也无可奈何，只好任它留在那里去了。

稍稍能安慰我们的，是在那石上有一个不大不小的坑凹儿，雨天就盛满了水。常常雨过三天了，地上已经干燥，那石凹里水儿还有，鸡儿便去那里喝饮。每每到了十五的夜晚，我们盼那满月出来，就爬到其上，翘望天边；奶奶总是要骂的，害怕我们摔下来。果然那一次就摔了下来，磕破了我的膝盖呢。

人都骂它是丑石，它真是丑得不能再丑的丑石了。

终有一日，村子里来了一个天文学家。他在我家门前路过，突然发现了这块石头，眼光立即就拉直了。他再没有走去，就住了下来；以后又来了好些人，说这是一块陨石，从天上落下来已经有二三百年了，是一件了不起的东西。不久便来了车，小心翼翼[⑥]地将它运走了。

这使我们都很惊奇！这又怪又丑的石头，原来是天上的呢！它补过天，在天上发过热，闪过光，我们的先祖或许仰望过它，它给了他们光明、向往、憧憬；而它落下来了，在污土里，荒草里，一躺就是几百年了?!

奶奶说：“真看不出！它那么不一般，却怎么连墙也垒不成，台阶也垒不成呢?”

“它是太丑了。”天文学家说。

“真的，是太丑了。”

“可这正是它的美!”天文学家说，“它是以丑为美的。”

“以丑为美?”

“是的，丑到极处，便是美到极处。正因为它不是一般的顽石，当然不能去做墙、做台阶，不能去雕刻、捶布。它不是做这些小玩意儿的，所以常常就遭到一般世俗的讥讽。”

奶奶脸红了，我也脸红了。

我感到自己的可耻，也感到了丑石的伟大；我甚至怨恨它这么多年竟会默默地忍受着这一切？而我又立即深沉地感到它那种不屈于误解、寂寞的生存的伟大。

【注释】

①錾（zàn）：小凿，雕凿金石的工具；雕，刻。

②掮（qián）：动词，用肩扛东西。

③浣纱（huàn）：洗衣服。浣，洗涤。

④咒骂：用恶毒的话骂。

⑤嫌弃（xián qì）：厌恶而不愿意接近。

⑥ 小心翼翼：形容言行举动十分谨慎，丝毫不敢疏忽大意。

相关知识

一、作者简介

贾平凹（1952— ），原籍陕西商洛，中国现代著名作家。著有长篇小说《高老庄》《废都》《怀念狼》《秦腔》《山本》等。

二、作品解读

这篇借物说理的散文借助一个公认为平凡的对象——一块丑石，从而突出了文章的主题。作者通过强烈的对比，说明了一个道理：人们的无知，并不能掩盖和抹杀那“默默地忍受”多年，而“不屈于误解、寂寞的生存的伟大”。在形象的贬值里，精神增值了，我们不能仅凭事物的外表去评论它的价值。眼睛看到的不一定是真的，只有用心灵看到的才是真的。这也正应了那句老话：“人不可貌相，海水不可斗量。”

课堂训练

讨论：“我”对丑石的认识前后有什么变化？为什么会有这样的变化？

综合练习

1. 文章中写“以后又来了好些人”，这“好些人”具体指：（　　）

A. 村里村外的人　　　　B. 看热闹的人

C. 关心丑石命运的人　　D. 对天文学有研究的人

2. 下列能准确理解文中语句“眼光立即就拉直了”的一项是：（　　）

A. 要仔细、专心地看一看这块石头

B. 发现这块石头时的惊喜与对它的高度重视

C. 表明发现这块石头后感到莫名其妙

D. 对这块石头的颜色、姿态感到奇怪

3. 对最后一段中“屈”字做出准确解释的一项是：(　　)

A. 理亏　　B. 弯曲　　C. 屈服　　D. 委屈

4、找出作者用对比的方法写丑石“无用”的语句。

5. 读过《丑石》这篇散文，你有什么启发？请写出来。

阅读材料

秦腔（节选）

贾平凹

山川不同，便风俗区别，风俗区别，便戏剧存异；普天之下人不同貌，剧不同腔，京，豫，晋，越，黄梅，二黄，四川高腔，几十种品类；或问：历史最悠久者，文武最正经者，是非最汹汹者？曰：秦腔也。正如长处和短处一样突出便见其风格，对待秦腔，爱者便爱得要死，恶者便恶得要命。外地人——尤其是自夸于长江流域的纤秀之士——最害怕秦腔的震撼；评论说得婉转的是：唱得有劲，说得直率的是：大喊大叫。于是，便有柔弱女子，常在戏台下以绒堵耳，又或在平日教训某人：你要不怎么怎么样，今晚让你去看秦腔！秦腔成了惩罚的代名词。所以，别的剧种可以各省走动，唯秦腔则如秦人一样，死不离窝；严重的乡土观念，也使其离不了窝：可能还在西北几个地方变腔走调的有些市场，却绝对冲不出往东南而去的潼关呢。

但是，几百年来，秦腔却没有被淘汰，被沉沦，这使多少人在大惑而不得其解。其解是有的，就在陕西这块土地上。如果是一个南方人，坐车轰轰隆隆往北走，渡过黄河，进入西岸，八百里秦川大地，原来竟是：一抹黄褐的平原；辽阔的地平线上，一处一处用木椽夹打成一尺多宽墙的土屋，粗笨而庄重；冲天而起的白杨，苦楝，紫槐，枝干粗壮如桶，叶却小似铜钱，迎风正反翻覆……你立即就会明白了：这里的地理构造竟与秦腔的旋律惟妙惟肖的一统！再去接触一下秦人吧，活脱脱的一群秦始皇兵马俑的复出：高个，浓眉，眼和眼间隔略远，手和脚一样粗大，上身又稍稍见长于下身。当他们背着沉重的三角形状的犁铧，赶着山包一样团块组合式的秦川公牛，端着脑袋般大小的耀州瓷碗，蹲在立的卧的石磙子碌碡上吃着牛肉泡馍，你不禁又要改变起世界观了：啊，这是块多么空旷而实在的土地，在这块土地挖爬滚打的人群是多么“二愣”的民众！那晚霞烧起的黄昏里，落日在地平线上欲去不去的痛苦的妊娠，五里一村，十里一镇，高音喇叭里传播的秦腔互相交织，冲撞，这秦腔原来是秦川的天籁，地籁，人籁的共鸣啊！于此，你不渐渐感觉到了南方戏剧的秀而无骨吗？不深深地懂得秦腔为什么形成和存在而占却时间、空间的位置吗？

八百里秦川，以西安为界，咸阳，兴平，武功，周至，凤翔，长武，岐山，宝鸡，两个专区几十个县为西府，三原，泾阳，高陵，户县，合阳，大荔，韩城，白水，一个专区十几个县为东府。秦腔，就源于西府。在西府，民性敦厚，说话多用去声，一律咬字沉重，对话如吵架一样，哭丧又一呼三叹。呼喊远人更是特殊：前声拖十二分地长，末了方极快地道出内容。声韵的发展，使会远道喊人的人都从此有了唱秦腔的天才。老一辈的能唱，小一辈的能唱，男的能唱，女的能唱；唱秦腔成了做人最体面的事，任何一个乡下男女，只有唱秦腔，才有出人头地的可能，大凡有出息的，是个人才的，哪一个何曾未登过台，起码不能吼一阵乱弹呢?!

…………

广漠旷远的八百里秦川，只有这秦腔，也只能有这秦腔，八百里秦川的劳作农民只有也只能有这秦腔使他们喜怒哀乐。秦人自古是大苦大乐之民众，他们的家乡交响乐除了大喊大叫的秦腔还能有别的吗？

第四十五课

阳关雪

余秋雨

中国古代，一为文人，便无足观。文官之显赫，在官场而不在文，他们作为文人的一面，在官场也是无足观的。但是事情又很怪异，当峨冠博带早已零落成泥之后，一杆竹管笔偶尔涂划的诗文，竟能镌刻[①]山河，雕镂人心，永不漫游。

我曾有缘，在黄昏的江船上仰望过白帝城，顶着浓冽的秋霜登临过黄鹤楼，还在一个冬夜摸到了寒山寺。我的周围，人头济济，差不多绝大多数人的心头，都回荡着那几首不必引述的诗。人们来寻景，更来寻诗。这些诗，他们在孩提时代就能背诵。孩子们的想象，诚恳而逼真。因此，这些城，这些楼，这些寺，早在心头自行搭建。待到年长，当他们刚刚意识到有足够脚力的时候，也就给自己负上了一笔沉重的宿债，焦渴地企盼着对诗境实地的踏访。为童年，为历史，为许多无法言传的原因。有时候，这种焦渴，简直就像对失落的故乡的寻找，对离散的亲人的查访。

文人的魔力，竟能把偌大一个世界的生僻角落，变成人人心中的故乡。他们褪色的青衫里，究竟藏着什么法术呢？

今天，我冲着王维的那首《渭城曲》，去寻阳关了。出发前曾在下榻的县城向老者打听，回答是："路又远，也没什么好看的，倒是有一些文人辛辛苦苦找去。"老者抬头看天，又说："这雪一时下不停，别去受这个苦了。"我向他鞠了一躬，转身钻进雪里。

一走出小小的县城，便是沙漠。除了茫茫一片雪白，什么也没有，连一个皱折也找不到。在别地赶路，总要每一段为自己找一个目标，盯着一棵树，赶过去，然后再盯着一块石头，赶过去。在这里，睁疼了眼也看不见一个目标，哪怕是一片枯叶，一个黑点。于是，只好抬起头来看天。从未见过这样完整的天，一点儿也没有被吞食，边沿全是挺展展的，紧扎扎地把大地罩了个严实。有这样的地，天才叫天。有这样的天，地才叫地。在这样的天地中独个儿行走，侏儒也变成了巨人。在这样的天地中独个儿行走，巨人也变成了侏儒。

天竟晴了，风也停了，阳光很好。没想到沙漠中的雪化得这样快，才片刻，地上已见斑斑沙底，却不见湿痕。天边渐渐飘出几缕烟迹，并不动，却在加深，疑惑半晌，才发现，那是刚刚化雪的山脊。

地上的凹凸已成了一种令人惊骇的铺陈，只可能有一种理解：那全是远年的坟堆。

这里离县城已经很远，不大会成为城里人的丧葬之地。这些坟堆被风雪所蚀，因年岁而坍，枯瘦萧条，显然从未有人祭扫。它们为什么会有那么多，排列得又是那么密呢？只可能有一种理解：这里是古战场。

我在望不到边际的坟堆中茫然前行，心中浮现出艾略特的《荒原》。这里正是中华历史的荒原：如雨的马蹄，如雷的呐喊，如注的热血。中原慈母的白发，江南春闺的遥望，湖湘稚儿的夜哭。故乡柳荫下的诀别，将军圆睁的怒目，猎猎于朔风中的军旗。随着一阵烟尘，又一阵烟尘，都飘散远去。我相信，死者临亡时都是面向朔北敌阵的；我相信，他们又很想在最后一刻回过头来，给熟悉的土地投注一个目光。于是，他们扭曲地倒下了，化作沙堆一座。

这繁星般的沙堆，不知有没有换来史官们的半行墨迹？史官们把卷帙一片片翻过，于是，这块土地也有了一层层的沉埋。堆积如山的二十五史，写在这个荒原上的篇页还算是比较光彩的，因为这儿毕竟是历代王国的边远地带，长久担负着保卫华夏疆域的使命。所以，这些沙堆还站立得较为自在，这些篇页也还能哗哗作响。就像干寒单调的土地一样，出现在西北边陲的历史命题也比较单纯。在中原内地就不同了，山重水复、花草掩荫，岁月的迷宫会让最清醒的头脑胀得发昏，晨钟暮鼓的音响总是那样的诡秘[②]和乖戾。那儿，没有这么大大咧咧铺张开的沙堆，一切都在重重美景中发闷，无数不知为何而死的怨魂，只能悲愤懊丧地深潜地底。不像这儿，能够袒露出一帙[③]风干的青史，让我用20世纪的脚步去匆匆抚摩。

远处已有树影。急步赶去，树下有水流，沙地也有了高低坡斜。登上一个坡，猛一抬头，看见不远的山峰上有荒落的土墩一座，我凭直觉确信，这便是阳关了。

树愈来意多，开始有房舍出现。这是对的，重要关隘所在，屯扎兵马之地，不能没有这一些。转几个弯，再直上一道沙坡，爬到土墩底下，四处寻找，近旁正有一碑，上刻“阳关古址”四字。

这是一个俯瞰四野的制高点。西北风浩荡万里，直扑面来，踉跄几步，方才站住。脚是站住了，却分明听到自己牙齿打战的声音，鼻子一定是立即冻红了的。呵一口热气到手掌，捂住双耳用力蹦跳几下，才定下心来睁眼。这儿的雪没有化，当然不会化。所谓古址，已经没有什么故迹，只有近处的烽火台还在，这就是刚才在下面看到的土墩。土墩已坍了大半，可以看见一层层泥沙，一层层苇草，苇草飘扬出来，在千年之后的寒风中抖动。眼下是西北的群山，都积着雪，层层叠叠，直伸天际。任何站立在这儿的人，都会感觉到自己是站在大海边的礁石上，那些山，全是冰海冻浪。

王维实在是温厚到了极点。对于这么一个阳关，他的笔底仍然不露凌厉惊骇之色，而只是缠绵淡雅地写道：“劝君更尽一杯酒，西出阳关无故人。”他瞟了一眼渭城客舍窗外青青的柳色，看了看友人已打点好的行囊，微笑着举起了酒壶。再来一杯吧，阳关之外，就找不到可以这样对饮畅谈的老朋友了。这杯酒，友人一定是毫不推却，一饮而尽的。

这便是唐人风范。他们多半不会洒泪悲叹，执袂劝阻。他们的目光放得很远，他们的人生道路铺展得很广。告别是经常的，步履是放达的。这种风范，在李白、高适、岑参那里，焕发得越加豪迈。在南北各地的古代造像中，唐人造像一看便可识认，形体那么健美，目光那么平静，神采那么自信。在欧洲看蒙娜丽莎的微笑，你立即就能感受，这种恬然的自信只属于那些真正从中世纪的梦魇中苏醒、对前路挺有把握的艺术家们。唐人造像中的微笑，只会更沉着、更安详。在欧洲，这些艺术家们翻天覆地地闹腾了好一阵子，固执地要把微笑输送进历史的魂魄。谁都能计算，他们的事情发生在唐代之后多少年。而唐代，却没有把它的属于艺术家的自信延续久远。阳关的风雪，竟越见凄迷。

王维诗画皆称一绝，莱辛等西方哲人反复论述过的诗与画的界线，在他是可以随脚出入的。但是，长安的宫殿，只为艺术家们开了一个狭小的边门，允许他们以卑怯侍从的身份躬身而入，去制造一点娱乐。历史老人凛然肃然，扭过头去，颤巍巍地重又迈向三皇五帝的宗谱。这里，不需要艺术闹出太大的局面，不需要对美有太深的寄托。

于是，九州的画风随之黯然。阳关，再也难于享用温醇④的诗句。西出阳关的文人还是有的，只是大多成了谪官逐臣。

即便是土墩、是石城，也受不住这么多叹息的吹拂，阳关坍弛了，坍弛在一个民族的精神疆域中。它终成废墟，终成荒原。身后，沙坟如潮，身前，寒峰如浪。谁也不能想象，这儿，一千多年之前，曾经验证过人生的壮美，艺术情怀的弘广。

这儿应该有几声胡笳和羌笛的，音色极美，与自然浑和，夺人心魄。可惜它们后来都成了兵士们心头的哀音。既然一个民族都不忍听闻，它们也就消失在朔风之中。

回去罢，时间已经不早。怕还要下雪。

【注释】

①镌刻（juān kè）：把铭文刻或画在某种坚硬物质上或石头上。

②诡秘（guǐ mì）：神秘；隐秘。

③一帙（zhì）：帙，古代书画外面包着的布套。量词，一套线装书叫一帙。

④温醇（wēn chún）：指淳朴敦厚。

相关知识

一、作者简介

余秋雨（1946— ），出生于浙江余姚，中国当代著名文化学者，理论家、文化史学家、作家。

二、作品出处

《阳关雪》这篇散文出自余秋雨的散文集《文化苦旅》，这部散文集于1992年首次出版，是余秋雨先生20世纪80年代末至90年代初在海内外讲学和考察途中写下的作品，全书凭借山水风物来寻求文化灵魂和人生真谛，探索中国文化的历史命运和中国文人的人格。

课堂训练

讨论：本文选自《文化苦旅》，结合课文内容，讨论作者阳关之旅“苦”在何处。

综合练习

1．请给下列加点字注音。

惊骇（ ）　　行囊（ ）

执袂（ ）　　谪官（ ）

2. 课文重点写了寻访阳关，但开头两段却不写阳关，用意何在？

3. 文中不止一次写到了“雪”，写“雪”有什么作用？

阅读材料

中国文脉（节选）

余秋雨

中国文脉，是指中国文学几千年发展中最高等级的生命潜流和审美潜流。

这种潜流，在近处很难发现，只有从远处看去，才能领略大概，就像那一条倔犟的山脊所连成的天际线。

正是这条天际线，使我们知道那个天地之大，以及那个天地之限，并领略了一种注定要长久包围我们生命的文化仪式。

因为太重要，又处于隐潜状态，就特别容易产生误会。因此，我们必须开宗明义，指出那些最常见的理论岔道，不让它们来干扰文脉的潜流——

一、这股潜流，在绝大多数情况下，不是官方主流；

二、这股潜流，在绝大多数情况下，不是民间主流；

三、这股潜流，属于文学，并不从属于哲学学派；

四、这股潜流，虽然重要，但体量不大；

五、这股潜流，并不一以贯之，而是时断时续，断多续少；

六、这股潜流，对周围的其他文学现象有吸附力，更有排斥力。

寻得这股潜流，是做减法的结果。我一向主张，研究文化和文学，先做加法，后做减法。减法更为重要，也更为艰难。

减而见筋，减而显神，减而得脉。

减法难做，首先是因为人们千百年来一直处于文化匮乏状态，见字而敬，见文而信，见书而畏，不存在敢于大胆取舍的心理高度；其次，即使有了心理高度，也缺少品鉴高度，与多数轰传一时的文化现象相比，“得脉”者没有那么多知音。

大胆取舍，需要锐利斧钺。但是，手握这种斧钺的人，总是在开山辟路。那些只会坐在凉棚下说三道四、指手画脚的人，大多不懂斧钺。开山辟路的人没有时间参与评论，由此造成了等级的倒错、文脉的失落。

等级，是文脉的生命。

人世间，仕途的等级由官阶来定，财富的等级由金额来定，医生的等级由疗效来定，明星的等级由传播来定，而文学的等级则完全不同。文学的等级，与官阶、财富、疗效、传播等因素完全无关，只由一种没有明显标志的东西来定，这个东西叫品位。

其他行业也讲品位，但那只是附加，而不像文学，是唯一。

总之，品位决定等级，等级构成文脉。但是，这中间的所有流程，都没有清晰路标。这一来，事情就麻烦了。

环顾四周，现在越来越多的“成功者”都想以文炫己，甚至以文训世，结果让人担忧。有些“儒商”为了营造“企业文化”，强制职工背诵古代那些文化等级很低的发蒙文言；有些电视人永远在绘声绘色地讲述着早就应该退出公共记忆的文化残屑；有些当代“名士”更是染上了古代的“嗜痂之癖”，如鲁迅所言，把远年的红肿溃烂，赞之为“艳若桃花”。

颇让人不安的，是目前电视上某些文物鉴定和拍卖节目，只要牵涉到明清和近代书画，就对作者的文化地位无限拔高。初一听，溢美古人，无可厚非，但是这种事情不断重复也就颠覆了文化的基本等级。就像一座十层高塔，本来轮廓清晰，突然底下几层要自成天台，那么上面的几层只能坍塌。试想，如果唐伯虎、乾隆都成了“中国古代一流诗人”，那么，我们只能悄悄把整部《全唐诗》付之一炬了。书法也是一样，一个惊人的天价投向一份中等水准的笔墨，就像一堆黄金把中国书法史的天平压垮了。

面对这种情况我曾深深一叹：“文脉既隐，小丘称峰；健翅已远，残羽充鹏。”

照理，文物专家不懂文脉，亿万富翁不懂文化，十分正常。但现在，现代传媒的渗透力度，拍卖资金的强烈误导，使很多人难以抵拒地接受了这种空前的“文化改写”，结果实在有点恐怖。

有人说，对文学，应让人们自由取用，不要划分高低。这是典型的“文学民粹主义”，似是而非。就个人而言，不经过基本教育，何能自由取用？鼠目寸光、井蛙观天，恰恰违背了“自由”的本义；就整体而言，如果在精神文化上也不分高低，那就会失去民族的大道、人类的尊严，一切都将在众声喧哗中不可收拾。

如果不分高低，只让每个时间和空间的民众自由取用、集体“海选”，那么，中国文学，能选得到那位流浪草泽、即将投水的屈原吗？能选得到那位受过酷刑、耻而握笔的司马迁吗？能选得到那位僻居荒村、艰苦躬耕的陶渊明吗？他们后来为民众知道，并非民众自己的行为。而且，知道了，也并不能体会他们的内涵。因此我敢断言，任何民粹主义的自由海选，即便再有人数、再有资金，也与优秀文学基本无关。

这不是文学的悲哀，而是文学的高贵。

我主张，在目前必然寂寞的文化良知领域，应该重启文脉之思，重开严选之风，重立古今坐标，重建普世范本。为此，应努力拨去浮华热闹，远离滔滔口水，进入深度探讨。选择自可不同，目标却是同归，那就是清理地基，搬开芜杂，集得高墙巨砖，寻获大柱石础，让出疏朗空间，洗净众人耳目，呼唤亘古伟步，期待天才再临。由此，中华文化的复兴，才有可能。

第四十六课

心田上的百合花开

林清玄

在一个偏僻遥远的山谷里，有一个高达数千尺的断崖。不知道什么时候，断崖边上长出了一株小小的百合。

百合刚刚诞生的时候，长得和杂草一模一样。但是，它心里知道自己并不是一株野草。

它的内心深处，有一个内在的纯洁的念头："我是一株百合，不是一株野草。唯一能证明我是百合的办法，就是开出美丽的花朵。"有了这个念头，百合努力地吸收水分和阳光，深深地扎根，直直地挺着胸膛。

终于，在一个春天的早晨，百合的顶部结出了第一个花苞[①]。

百合的心里很高兴，附近的杂草却都不屑，它们在私底下嘲笑着百合："这家伙明明是一株草，偏偏说自己是一株花，还真以为自己是一株花，我看他顶上结的不是花苞，而是头上长瘤[②]了。"

公开的场合，它们讥笑百合："你不要做梦了，即使你真的是会开花，在这荒郊野外，你的价值还不是跟我们一样？"

偶尔也有飞过的蜂蝶鸟雀，它们也会劝百合不用那么努力开花："在这断崖边上，纵然开出世界上最美的花，也不会有人来欣赏呀！"

百合说："我要开花，是因为我知道自己有美丽的花；我要开花，是为了完成作为一株花的庄严使命；我要开花，是由于自己喜欢以花来证明自己的存在。不管有没有人欣赏，不管你们怎么看我，我都要开花！"

在野草和蜂蝶的鄙夷下，野百合努力地释放着内心的能量。有一天，它终于开花了，它那灵性的洁白和秀挺的风姿，成为断崖上最美丽的颜色。

这时候，野草与蜂蝶，再也不敢嘲笑它了。

百合花一朵朵地盛开着，它花上每天都有晶莹的水珠，野草们以为那是昨夜的露水，只有百合自己知道，那是极深沉的欢喜所结的泪滴。

年年春天，野百合努力地开花、结籽。它的种子随着风，落在山谷、草原和悬崖边上，到处都开满洁白的野百合。

几十年后，远在千百里外的人，从城市、从乡村，千里迢迢③赶来欣赏百合花。许多孩童跪下来，闻嗅百合花的芬芳；许多情侣互相拥抱，许下了“百年好合”的誓言；无数的人看到这从未有过的美，感动得落泪，触动内心那纯洁温柔的一角。

那里，被人们称为“百合谷地”。

不管别人怎么欣赏，满山的百合都谨记④着第一株百合的教导：“我们要全心全意默默地开花，以花来证明自己的存在。”

【注释】

①花苞：植物花朵的蓓蕾期的称呼，含苞未放的花儿。

②瘤（liú）：局部组织细胞增生所形成的新生物，因为这种新生物多呈占位性块状突起，所以也称赘生物。

③千里迢迢（tiáo）：形容路途遥远。

④谨记：敬辞，表示一定认真记住对方的话。

相关知识

一、作者简介

林清玄（1953—2019），生于台湾高雄，毕业于中国台湾世新大学。当代作家、散文家、诗人、学者，出版有《莲花开落》《温一壶月光下酒》《烦恼平息》《欢喜自在》等。

二、作品赏析

“百合花”开在了断崖上，恶劣的生长环境，并没有消磨它作为花——一棵百合的天性，虽然它刚诞生时长得跟其他野草一模一样，但一个坚定的念头在它的心中悄悄萌生：我要开花，我要以花作证。为此，它“努力地吸收水分和阳光，深深地扎根，直直地挺着胸膛”，与自然环境顽强地抗争。为了心中那个美好的愿望，它竟是如此执着和坚韧！既然千尺断崖上的百合能开出自己最美的花，我们又何尝不能呢？百合花的信念告诉我们：不管别人说你什么，也不管环境给你什么样的境遇，只要自己设定了目标，并赋之以力量，你的价值总有一天会显现出来。

课堂训练

1．朗读《心田上的百合花开》。

2．讨论：课文中百合说："我要开花，是因为我知道自己有美丽的花；我要开花，是为了完成作为一株花的庄严使命；我要开花，是由于自己喜欢以花来证明自己的存在。不管有没有人欣赏，不管你们怎么看我，我都要开花！"这段话对我们有什么启示？

综合练习

1．给加点字注音。

不屑（　　）　　千里迢迢（　　）

2．根据拼音写出汉字。

jǐn（　　）记　　晶 yíng（　　）

3．文中怎样描写野百合的生长环境？

4．面对野草的嘲讽、讥笑和蜂蝶鸟雀的鄙夷、劝诫，野百合坚定了怎样的信念？（摘录文章中原句回答）

5. 文章怎样描写野百合终于开花了？其中蕴含了怎样的人生哲理？

6. 最后一段在全文有什么作用？

阅读材料

浴着光辉的母亲

林清玄

在公共汽车上，看见一个母亲不断疼惜呵护弱智的儿子，担心着儿子第一次坐公共汽车受到惊吓。

“宝宝乖，别怕别怕，坐车车很安全。”——那母亲口中的宝宝，看来已经是十几岁的少年了。

乘客们都用非常崇敬的眼神看着那浴满爱的光辉的母亲。

我想到，如果人人都能用如此崇敬的眼神看自己的母亲就好了，可惜，一般人常常忽略自己的母亲也是那样充满光辉。

那对母子下车的时候，车内一片静默，司机先生也表现了平时少有的耐心，等他们完全下妥当了，才缓缓起步，开走。

乘客们都还向那对母子行注目礼，一直到他们消失于街角。

我们为什么对一个人完全无私地溶入爱里会有那样庄严的静默呢？原因是我们往往难以达到那种完全溶入的庄严境界。

完全的溶入，是无私的、无我的，无造作的，就好像灯泡的钨丝突然接通，就会点亮而散发光辉。

就以对待孩子来说吧。弱智的孩子在母亲的眼中是那么天真、无邪，那么值得爱怜，我们自己对待正常健康的孩子则是那么严苛，充满了条件，无法全心地爱怜。

但愿，我们看自己孩子的眼神也可以像那位母亲一样，完全无私、溶入，有一种庄严之美，充满爱的光辉。

第四十七课

蛙（节选）

莫　言

先生，我们那地方，曾有一个古老的风气，生下孩子，好以身体部位和人体器官命名。譬如陈鼻、赵眼、吴大肠、孙肩……这风气因何而生，我没有研究，大约是那种以为“贱名者长生”的心理使然，抑或是母亲认为孩子是自己身上一块肉的心理演变。这风气如今已不流行，年轻的父母们，都不愿意以那样古怪的名字来称谓自己的孩子。我们那地方的孩子，如今也大都拥有了与香港、台湾，甚至与日本、韩国的电视连续剧中人物一样优雅而别致的名字。那些曾以人体器官或身体部位命名的孩子，也大都改成雅名，当然也有没改的，譬如陈耳，譬如陈眉。

陈耳和陈眉之父就是陈鼻，他是我的小学同学，也是我少年时的朋友。我们是1960年秋季进入大羊栏小学的。那是饥饿的年代，留在我记忆中最深刻的事件，大都与吃有关。譬如我曾讲过的吃煤的故事。许多人以为是我胡乱编造，我以我姑姑的名义起誓：这不是胡编乱造，而是确凿的事实。

那是一吨龙口煤矿生产的优质煤块，亮晶晶的，断面处能照清人影。我后来再也没见过那么亮的煤。村里的车把式王脚赶着马车，把煤从县城运回。王脚方头、粗颈、口吃，讲话时，目放精光，脸憋得通红。他儿子王肝，女儿王胆，都是我的同学。王肝与王胆是一卵双胎。王肝身体高大，但王胆却是个永远长不大的袖珍姑娘——说得难听点吧，是个侏儒。大家都说，在娘肚子里时，王肝把营养霸光了，所以王胆长得小。卸煤时正逢下午放学，大家都背着书包，围看热闹。王脚用一柄大铁锨，从车上往下铲煤。煤块落在煤块上，哗哗响。王脚脖子上有汗，解下腰间那块蓝布擦拭。擦汗时看到儿子王肝和女儿王胆，便大声喝斥：回家割草去！王胆转头就跑——她跑起来身体摇摇摆摆，重心不稳，像个初学走路的婴孩，很是可爱——王肝往后缩缩，但不走。王肝为父亲的职业感到荣耀。现在的小学生，即便父亲是开飞机的，也体会不到王肝那时的荣耀。大马车啊，轰轰隆隆，跑起来双轮卷起尘土的大马车啊。驾辕的是匹退役军马，曾在军队里驮过炮弹，据说立过战功，屁股上烫着烙印。拉长套的是匹脾气暴躁的公骡，能飞蹄伤人，好张嘴咬人。这骡子虽然脾气不好，但气力惊人，速度极快。能够驾驭这头疯骡的也只有王脚。村子里有很多人羡慕这职业，但都望骡却步。这骡子已经咬伤过两个儿童：第一个是袁脸的儿子袁腮，第二个是王胆。马车停在她家门前时，她到骡前去玩，被骡子咬着脑袋叼起来。我们都很敬畏王脚。他身高一米九，双肩宽阔，力大如牛，二百斤重的石碌碡，双手抓起，胳膊一挺，便举过头顶。尤其让我们敬佩的，是他的神鞭。疯骡咬破袁腮头颅那次，他拉上车闸，双腿叉开，站在车辕两边，挥舞鞭子，抽打疯骡屁股。那真是一鞭一道血痕，一鞭一声脆响。疯骡起初还尥蹶子，但一会儿工夫便浑身颤抖，前腿跪在地上，脑袋低垂，嘴巴啃着泥土，撅着屁股承揍。后来还是袁腮的爹袁脸说，老王，饶了它吧！王脚才悻悻地罢休。袁脸是党支部书记，村里最大的官。他的话王脚不敢不听。疯骡把王胆咬伤后，我们都期待着再看一场好戏，但王脚一鞭也没打。他从路边石灰堆上抓起一把石灰，掩在王胆头上，把她提回家去。他没打骡子，却抽了老婆一鞭，踢了王肝一脚。我们指指点点地议论着那头棕色的疯骡。它瘦骨伶仃，眼睛上方有两个深得可放进一枚鸡卵的凹陷。它的目光忧伤，似乎随时都会放声大哭。我们无法想象这样一匹瘦骡子怎会爆发出那样大的力量。当我们一边议论一边向那骡子靠近时，王脚便停止铲煤，用凌厉的目光逼视我们，吓得我们连连倒退。堆在学校伙房前的煤堆渐渐高起来，车上的煤渐渐少了。我们不约而同地抽鼻子，因为我们嗅到了一种奇异的香味。仿佛是燃烧松香的味儿，又仿佛是烧烤土豆的味儿。我们的嗅觉把我们的目光吸引到那一堆亮晶晶的煤块上。王脚拢马驱骡，马车离开校园。我们并没像往常那样，去追赶马车，并冒着被鞭子抽头的危险跳上去过瘾。我们目不转睛，慢慢地向煤堆移动。伙夫老王，挑着两桶水，摇摇摆摆地走过来。他的女儿王仁美，也是我们的同学，后来成为我的妻子。她是当时少有的没用器官命名的孩子，因为伙夫老王，是个有文化的人。他原本是公社畜牧站的站长，后因说话不当犯了错误，被开除公职遣返回乡。老王狐疑地看着我们。他以为我们要冲进伙房哄抢食物吧？所以他说，滚，小兔崽子们！这里没有你们吃的，回家吃你们娘的奶头去吧。我们自然听到了他的话，我们甚至也考虑了他的建议，但他的建议无异于骂人。我们都是七八岁孩子，怎么还可能吃奶？即便我们还吃奶，但我们的母亲，都饿得半死，乳房紧贴在肋骨上，哪里有奶可吃？但没人去跟老王理论。我们站在煤堆前，低头弯腰，像地质爱好者发现了奇异矿石；我们抽动鼻子，像从废墟中寻找食物的狗。说到这里，首先要感谢陈鼻，其次要感谢王胆。是陈鼻首先捡起一块煤，放在鼻边嗅，皱着眉，仿佛在思索什么重大问题。他的鼻子又高又大，是我们取笑的对象。思索了一会，他将手中那块煤，猛地砸在一块大煤上。煤块应声而碎，那股香气猛地散发出来。他拣起一小块，王胆也拣起一小块；他用舌头舔舔，品咂着，眼睛转着圈儿，看看我们；她也跟着学样儿，舔煤，看我们。后来，他们俩互相看看，微微笑笑，不约而同地，小心翼翼地，用门牙啃下一点煤，咀嚼着，然后又咬下一块，猛烈地咀嚼着。兴奋的表情，在他们脸上洋溢。陈鼻的大鼻子发红，上边布满汗珠。王胆的小鼻子发黑，上面沾满煤灰。我们痴迷地听着他们咀嚼煤块时发出的声音。我们惊讶地看到他们吞咽。他们竟然把煤咽下去了。他压低声音说：伙计们，好吃！她尖声喊叫：哥呀，快来吃啊！他又抓起一块煤，更猛地咀嚼起来。她用小手捺起一块大煤，递给王肝。我们学着他们的样子，把煤块砸碎，捡起来，用门牙先啃下一点，品尝滋味，虽有些牙碜，但滋味不错。陈鼻大公无私，举起一块煤告诉我们：伙计们，吃这样的，这样的好吃。他指着煤块中那半透明的、浅黄色的，像琥珀一样的东西说，这种带松香的好吃。我们已经上过自然课，知道煤是许多世纪前，埋在地壳中的森林变成的。给我们上自然课的是我们的校长吴金榜。我们不相信校长的话，我们也不相信课本上的话。森林是绿色的，怎么可能变成黑色的煤炭？我们以为校长和课本都是在胡说八道。发现了煤块中的松香，才明白校长没有骗我们，课本也没有骗我们。我们班三十五个学生，除了几个女生不在，其余都在。我们每人攥着一块煤，咯咯崩崩地啃，咯咯嚓嚓地嚼，每个人的脸上，都带着兴奋的、神秘的表情。我们仿佛在进行一场即兴表演，我们仿佛在玩一种古怪游戏。肖下唇拿着一块煤，翻来覆去地看，不吃，脸上带着蔑视的神情。他不吃煤因为他不饿，他不饿因为他爹是公社粮库保管员。伙夫老王惊呆了。他手上沾着面粉跑出来。天哪，他手上沾着面粉！当时在学校伙房就餐的除了我们的校长和我们的教导主任之外，还有两个在乡下驻点的公社干部。老王惊呼：孩子们，你们干什么？你们……吃煤？煤也能吃？王胆用小小的手举着一块大煤，细声细气地说：大叔，太好吃了，给你一块尝尝。老王摇着头，道：王胆，你这小女孩，也跟着这帮野小子胡闹。王胆咬了一口煤，说：真的好吃耶，大叔。这时已是傍晚，红日西沉。那两个在这里搭伙就餐的公社干部骑着车子来了。他们也被我们吸引住了。老王挥舞着扁担轰赶我们。那个姓严的公社干部——好像是个副主任——制止了老王。他的脸色很难看，挥了一下手，转身钻进了伙房。

第二天我们在课堂上一边听于老师讲课一边吃煤。我们满嘴乌黑，嘴角上沾着煤末子。不但男生吃，那些头天没参加吃煤盛宴的女生在王胆的引导下也跟着吃。伙夫老王的女儿——我的第一任妻子——王仁美吃得最欢。现在想起来她大概患有牙周炎，因为吃煤时她满嘴都是血。于老师在黑板上写了几行字便回头注视我们。她首先质问她的儿子、我们的同学李手：手，你们吃什么？妈，我们吃煤。老师我们吃煤，您要不要尝尝？王胆在前排座位上举煤大喊——她的大喊也像小猫叫唤——于老师走下讲台，从王胆的手里接过那块煤，放在鼻子底下，既像看又像嗅。好久，她一言没发，将煤还给王胆。于老师说：同学们，我们今天上第六课，《乌鸦和狐狸》。乌鸦得到一块肉，非常得意，站在树梢上。狐狸在树下，对乌鸦说，乌鸦太太，您的歌声太美妙了，您一歌唱，全世界的鸟儿都得闭嘴了。乌鸦被狐狸的马屁拍昏了头，一张嘴，哇，肉就落在狐狸口中了。于老师带领我们诵读课文。我们满嘴乌黑，跟着朗读。

我们于老师是有文化的人，竟然也入乡随俗地给她的儿子起名为李手。李手后来以优异成绩考入医学院，毕业后到县医院当了外科大夫。陈鼻铡草时铡断了四根手指，李手给他接活了三根。

相关知识

一、作者简介

莫言（1955—　），出生于山东高密，2012 年诺贝尔文学奖获得者。出版有《红高粱家族》《食草家族》《丰乳肥臀》《檀香刑》《四十一炮》《生死疲劳》《蛙》等小说。

二、关于小说《蛙》

《蛙》初版于 2009 年，这部长篇小说由四封长信和一部九幕话剧组成。小说以中华人民共和国近 60 年波澜起伏的农村生育史为背景，真实地反映了计划生育国策在高密东北乡推行的过程；通过讲述从事妇产科工作 50 多年的乡村女医生万心的人生经历，形象描述了国家为了控制人口剧烈增长而实施计划生育国策所走过的艰巨复杂的历史进程，并结合计划生育过程中的复杂现象，剖析了小说叙述人蝌蚪所代表的知识分子卑微、尴尬、纠结、矛盾的精神世界。小说秉承了作者乡土文学的一贯风格，结构新颖，节奏鲜明，笔触细腻，文字朴实，富有张力。

课堂训练

1. 请学生介绍自己名字是谁取的，有什么意义。

2. 讨论：自己国家普通人的名字是怎么取的？一般都有什么意义？

综合练习

1.《蛙》这部小说的叙事有什么特点?

2. 课后阅读小说《蛙》，写一篇小说评论。

阅读材料

我再也写不出这样的小说了

莫　言

1984 年初冬的一个早晨，我在解放军艺术学院的宿舍里做了一个梦。梦到一片辽阔的萝卜地，萝卜地中央有一个草棚，从那草棚里走出了一个身穿红衣的丰满姑娘。她手持一柄鱼叉，从地里叉起一个红萝卜，高举着，迎着初升的红太阳，对着我走来。这时起床的号声响了。我久久地沉浸在这个辉煌的梦境里，心里涌动着激情。当天上午，我一边听着课，一边在笔记本上写这个梦境。一周后，写出了草稿。又用了一周誊抄清楚。这算不算小说？小说可不可以这样写？我拿不准，但我隐约地感觉到这篇稿子里有一种跟我从前的所有作品都不一样的东西。我以前的作品里都没有“我”，这篇小说里写的几乎全是“我”。这不仅仅是指这篇作品是在一个梦境的基础上构思，而且更重要的是，这篇作品第一次调动了我的亲身经历，毫无顾忌地表现了我对社会、人生的看法，写出了我童年记忆中的对自然界的感知方式。

那时候我们同学、朋友之间还有互相看作品提意见的习惯。我把稿子给我们系里的业务干事刘毅然，让他帮我把把关。他看完后很兴奋地对我说：“很棒，这不仅是一篇小说，还是一首长诗！”刘毅然说他已经把稿子转给了徐怀中主任，他说主任一定会喜欢这篇小说。过了几天，我在走廊里遇到徐主任，他肯定了这篇小说，说写得很有灵气。徐主任的夫人——总政歌舞团的于增湘老师说她也看了这篇小说。她说小说里那个黑孩子让她很感动。

我看到，徐怀中主任把我原来的题目《金色的红萝卜》改成了《透明的红萝卜》。当时，我对这处改动并不以为然。我觉得“金色”要比“透明”辉煌。但几年之后，我明白了主任的改动是多么高明。

不久后，创刊不久的《中国作家》决定发表这篇小说，责任编辑肖立军。徐主任召集我们几个同学，座谈了这篇小说。座谈发言由我整理成文字。1985 年 3 月，《中国作家》第二期发表了这篇小说和座谈纪要。不久，在华侨大厦，《中国作家》主编冯牧先生主持召开了《透明的红萝卜》研讨会。汪曾祺、史铁生、李陀、雷达、曾镇南等诸位先生参加了会议并对这篇小说给予了肯定。这样，《透明的红萝卜》就成了我的“成名作”。

前年，因为编文集，我又重读了这篇小说。虽然能从中看出许多笨句和败笔，但我也知道，我再也写不出这样的小说了。

第四十八课

白鹿原（节选）

陈忠实

五间大殿，四根明柱，涂成红色，从上到下，油光锃亮。整个殿堂里摆着一排排书架，架上搁满一摞摞书，进入后就嗅到一股清幽的书纸的气息。西边隔开形成套间，挂着厚厚的白色土布门帘，靠窗置一张宽大的书案，一只精雕细刻[①]的玉石笔筒，一只玉石笔架和一双玉石镇纸，都是姐夫的心爱之物。滋水县以出产美玉而闻名古今，相传秦始皇的玉玺就取自这里的玉石。除了这些再不见任何摆设，不见一本书也不见一张纸，整个四面墙壁上，也不见一幅水墨画或一帧条幅，只在西山墙上贴着一张用毛笔勾画的本县地图。嘉轩每次来都禁不住想，那些字画条幅挂满墙壁的文人学士，其实多数可能都是附庸风雅的草包；像姐夫这样真有学问的人，其实才不显山露水，只是装在自己肚子里，更不必挂到墙上去唬人。两人坐在桌子两边的直背椅子上，中间是一个木火盆，炭火在静静地燃烧，无烟无焰，烧过留下的一层白色的炭灰，仍然明晰地显露着木炭本来的木质纹路，看不见烟火却感动了温暖。姐夫一边添加炭棒，一边支起一个三角支架烧水沏茶。他就把怎样去请阴阳先生[②]，怎么在雪地里撒尿，怎么发现那一坨无雪的慢坡地，怎么挖出怪物，以及拉屎伪造现场的过程详尽述说了一遍，然后问："你听说过这号事没有？"姐夫朱先生静静地听完，眼里露出惊异的神光，不回答他的话，取来一张纸摊开在桌上，又把一支毛笔交给嘉轩说："你画一画你见到的那个白色怪物的形状。"嘉轩捉着笔在墨盒里膏顺了笔尖，有点笨拙却是十分认真地画起来，画了五片叶子，又画了秆儿把叶子连结起来，最终还是不无遗憾地憨笑着把笔交给姐夫："我不会画画儿。"朱先生拎起纸来看着，像是揣摩一幅八卦图，忽然嘴一噘神秘地说："小弟，你再看看你画的是什么？"嘉轩接过纸来重新审视一番，仍然憨憨地说："基本上就是我挖出来的那个怪物的样子。"姐夫笑了，接过纸来对嘉轩说："你画的是一只鹿啊！"嘉轩听了就惊诧得说不出话来，越看自己刚才画下的笨拙的图画越像是一只白鹿。

很古很古的时候（传说似乎都不注重年代的准确性），这原上出现过一只白色的鹿，白毛白腿白蹄，那鹿角更是莹亮剔透的白。白鹿跳跳蹦蹦像跑着又像飘着从东原向西原跑去，倏忽之间就消失了。庄稼汉们猛然发现白鹿飘过以后麦苗忽地蹿高了，黄不拉叽的弱苗子变成黑油油的绿苗子，整个原上和河川里全是一色绿的麦苗。白鹿跑过以后，有人在田坎间发现了僵死的狼，奄奄一息的狐狸，阴沟湿地里死成一堆的癞蛤蟆，一切毒虫害兽全都悄然毙命了。更使人惊奇不已的是，有人突然发现瘫痪[3]在炕的老娘正潇洒地捉着擀杖[4]在案上擀面片，半世瞎眼的老汉睁着光亮亮的眼睛端着筛子[5]拣取麦子里混杂的沙粒，秃子老二的瘌痢[6]头上长出了黑乌乌的头发，歪嘴斜眼的丑女儿变得鲜若桃花……这就是白鹿原。

【注释】

①精雕细刻：用刀在器物上精心细致地雕刻。

②阴阳先生：指懂些风水、阴阳八卦、五行命理的一类人；早期多从道教演化而来，为人推算祸福吉凶、生老病死等。

③瘫痪（tān huàn）：由于神经功能发生障碍，身体的一部分完全或不完全地丧失运动的能力。

④擀杖（gǎn zhàng）：擀面棒。

⑤筛子（shāi）：指一种用竹片编制的生活用具，圆形，有漏孔，主要是使小颗粒通过孔掉出去。

⑥瘌痢（là lì）：由于某种疾病致使部分头发脱落，造成部分头皮裸露。

相关知识

一、作者简介

陈忠实（1942—2016），陕西西安人，中国当代著名作家。出版有《初夏》《四妹子》《乡村》《到老白杨树背后去》《白鹿原》等。

二、小说简介

陈忠实历时六年创作完成了小说《白鹿原》，于1993年首次出版。小说以陕西关中地区白鹿原上的白鹿村为缩影，通过讲述白姓、鹿姓两大家族祖孙三代人的恩怨纷争，表现了从清朝末年到二十世纪七八十年代长达半个多世纪的历史变化。1997 年，这部小说获得中国第四届茅盾文学奖，后被改编成同名电影、电视剧、话剧、舞剧、秦腔等多种艺术作品。

课堂训练

讨论：白鹿的传说在文中起到了怎样的作用？

综合练习

1. 白嘉轩的心理变化过程是怎样的？请结合全文情节作简要分析。

2. 阅读小说《白鹿原》，请概括小说的主要内容。

3. 阅读小说《白鹿原》，请选小说中三个重要的人物，分析他们的性格。

阅读材料

六十岁说

陈忠实

四十五年前读初中二年级时，我在作文课上写下平生的第一篇短篇小说。这篇大约三千字的小说习作是第一次文学创作，不再属于此前作文的意义。我对文学创作的兴趣由此萌发。这种兴趣持续了四十五年，至今依旧新鲜而恭敬。即使“文化大革命”扫荡一切作品和作家的时候，这种兴趣仍然没有转移或消亡，转变为一种隐蔽性的阅读。我说过我的人生的有幸和不幸，正是从在作文本上写作第一篇小说起始的；正是这一次完全出于兴趣性的写作，奠定了文学在我人生历程中的主题词。

近年来，多种媒体和多路记者几乎无一不问及我的人生感悟和文学创作的感悟。我也几乎无一例外地首先向他们解释，我不大使用感悟、悟道一类词，我喜欢启示。即人生历程中得到的启示，文学创作中思想和艺术的启示。正是这些启示，提升着我对历史和现实的思想穿透能力，也提升着我对文学和艺术本真的体验，完成一次又一次创造理想。在这个漫长的艺术探索过程和人生历程中，有两次自我把握和两次反省成为关键性的选择和转折。

一次把握是在一九七八年之初，当中国文学复兴的春潮涌动的时候，我正在灞河水利工地任副总指挥。我在完成了家乡的这个工程之后离开了，调入文化馆。我那时候对我的把握是，文学创作可以当作事业来干的时代终于出现了。第二次把握是一九八二年。这一年我从业余写作进入专业写作。我曾在一篇文章中写到过当时的直接的唯一的感觉，即进入我的人生最佳生存状态。我几乎在得到专业创作条件的同时，决定回归老家，一是静下心来回嚼二十年的乡村工作和生活，进入写作；二是基于对自己知识的残缺性的估计，需要广泛读书需要充实更需要不断更新，这都需要一个可以避免纷扰的安静环境来实现。我选择了老家农村。直到《白鹿原》完成，正好十年。这两次把握，一次是人生轨道的转换，一次纯粹属于自身生存环境的选择。

两次反省。一次是一九七八年秋天。当新时期文学如雨后春笋般从解冻的文坛发生时，我很鼓舞也很冷静。冷静是出于对自身具体情况的判断。我以为排除“文革”中那些“极左”思想不难，而要荡涤自有阅读能力以来所接受的“极左”的非文学的观念不易。我选择了读书，借来了一些世界经典作家的经典作品，以真正的文学来摒弃思维和意识中的非文学观念，目的仅仅只有一点，进入文学的本真。这次反省大约持续四个月，到一九七九年春天，我获得了文学创造和艺术表现的强烈欲望。我把文学当作事业来干的行程开始了。第二次反省发生在上世纪八十年代中后期，即《白鹿原》写作的准备阶段。我那个时候的思维是最活跃的一段。尤其是文学创作理论中的人物心理结构学说，引发了我对自己以往创作的颠覆。自我的不满意以至自我否定，同时就孕育着膨胀着一种新的艺术创造理想。这种痛苦的反省完全是自发的，发生在《白鹿原》的准备和后来的整个写作过程中，这对我来说是一个关键。

多年以后的今天回过头来看，在人生的两个重要阶段上，我把握了自己，主要是以自身的实际做出的选择。在艺术追求的漫长历程中，在两个重要的创作阶段上，进行两次反省，对我不断进入文学本真是关键性的。如果说创作有两次重要突破，首先都是以反省获得的。可以说，我的创作进步的实现，都是从关键阶段的几近残酷的自我否定自我反省中获得了力量。我后来把这个过程称作心灵和艺术体验剥离。没有秘密，也没有神话，创造的理想和创造的力量，都是经过自我反省获取的，完成的。

仅仅在半月之前的一个上午，我完成一篇五千字的散文，在原下老家一个人兴奋不已。仅仅在十天前一个晚上，读完畅广元教授的一本文化文学批评专著，进入一种最欣慰的愉悦。四天前的那个下午，我写完一篇万余字的短篇小说，竟然兴奋不已。两天前的晚上，在杨凌参加杨凌文联成立的会场里，见到残疾人作家贺绪林，听说他的一部三十万字的长篇即将由人民文学出版社出版，我感动而又感奋，同样愉悦。这样，我几十年来不断重复验证自己，文学创作才是我生存的最佳气场。

直到我走进朋友们营造的这个隆重而又温馨的场合，我依然不能切实理解六十这个年龄的特殊含义，然而六十岁毕竟是人生的一个最重要的年龄区段。按照我们传统文化和传统习俗的意思，是耳顺，是感悟，是悟道，是忆旧的年龄。这也许是前人归纳的生命本身的规律性特征。我不可能违抗生命规律。但我现在最明确的一点是，力戒这些传统和习俗中可能导致平庸乃至消极的东西。我比任何年龄区段上更强烈更清醒的意识是，对新的知识的追问，对正在发生着的生活运动的关注。这既是作为一个作家的生命意义所在，也是我这个具体作家最容易触发心灵中的那根敏感神经的颤动的。

我唯一恳求上帝的，给我一个清醒的大脑。而今天所有前来聚会的朋友和我的亲人，就是怀着上帝的意愿来和我握手的。

附　录

中国历史年代简表

朝代		时间
夏		约前 21 世纪—约前 16 世纪
商		约前 16 世纪—约前 11 世纪
周	西周	约前 11 世纪—前 771
	东周	前 770—前 256
	春秋	前 770—前 476
	战国	前 475—前 221
秦		前 221—前 206
汉	西汉	前 206—公元 25
	东汉	25—220
三国	魏	220—265
	蜀	221—263
	吴	222—280
西晋		265—317
东晋		317—420
南朝	宋	420—479
	齐	479—502
	梁	502—557
	陈	557—589
北朝	北魏	386—534
	东魏	534—550
	北齐	550—577
	西魏	535—556
	北周	557—581
隋		581—618
唐		618—907
五代	后梁	907—923
	后唐	923—936
	后晋	936—947
	后汉	947—950
	后周	951—960
宋	北宋	960—1127
	南宋	1127—1279
辽		907—1125
西夏		1038—1227
金		1115—1234
元		1206—1368
明		1368—1644
清		1616—1911
中华民国		1912—1949
中华人民共和国		1949—

参考文献①

一、古代文学

1. 方韬译注：《山海经》，北京：中华书局，2009 年。

2. 杨伯峻译注：《论语译注》，北京：中华书局，1980 年。

3. 陈鼓应注译：《老子今注今译》（修订增补本）（第 2 版），北京：中华书局，2009 年。

4. 杨伯峻译注：《孟子译注》，北京：中华书局，2005 年。

5. 陈鼓应注译：《庄子今注今译》（最新修订重排本）（第 2 版），北京：中华书局，2009 年。

6. 程俊英、蒋见元：《诗经注析》，北京：中华书局，1991 年。

7. 侯爵良、彭华生：《陶渊明名篇赏析》，北京：北京十月文艺出版社，1989 年。

8. 赵殿成笺注：《王右丞集笺注》，上海：上海古籍出版社，1984 年。

9. （唐）李白著，王琦注：《李太白全集》，北京：中华书局，1977 年。

10. （唐）杜甫著，（清）杨伦笺注：《杜诗镜铨》，上海：上海古籍出版社，1962 年。

11. （唐）白居易著，顾学颉校点：《白居易集》，北京：中华书局，1979 年。

12. 刘学锴、余恕诚：《李商隐诗歌集解》，北京：中华书局，1988 年。

13. 胡云翼选注：《宋词选》，上海：上海古籍出版社，2007 年。

14. 朱东润主编：《中国历代文学作品选》，上海：上海古籍出版社，2002 年。

15. 解玉峰编注：《元曲三百首》（新注本），北京：中华书局，2007 年。

16. （汉）司马迁：《史记》（标点本）（第 2 版），北京：中华书局，1982 年。

17. （唐）韩愈著，阎琦校注：《韩昌黎文集注释》，西安：三秦出版社，2004 年。

18. （宋）周敦颐著，陈克明点校：《周敦颐集》，北京：中华书局，2009 年。

① 按照课文顺序排列。

19. 朱碧莲、沈海波译注：《世说新语》，北京：中华书局，2011 年。
20.（元）王实甫著，王季思校注，张人和集评：《集评校注西厢记》，上海：上海古籍出版社，1987 年。
21.（明）汤显祖：《牡丹亭》，北京：人民文学出版社，1963 年。
22.（清）曹雪芹、高鹗：《红楼梦》，北京：人民文学出版社，2013 年。
23.（梁）钟嵘著，周振甫译注：《诗品译注》，北京：中华书局，1998 年。
24. 何文焕辑：《历代诗话》，北京：中华书局，1981 年。
25.（明）金圣叹：《第五才子书施耐庵水浒传》，北京：中华书局，1975 年。
26. 王国维著，徐调孚校注：《人间词话》，北京：中华书局，2016 年。

二、现代文学

1. 中国现代文学馆编：《戴望舒代表作》，北京：华夏出版社，1999 年。
2. 徐志摩：《徐志摩经典作品》，北京：当代世界出版社，2007 年。
3. 中国现代文学馆编：《卞之琳代表作》，北京：华夏出版社，2008 年。
4. 林徽因：《林徽因经典作品》，北京：当代世界出版社，2007 年。
5. 巴金著，唐金海编：《巴金散文选集》，天津：百花文艺出版社，2009 年。
6. 朱自清：《朱自清散文》，北京：人民文学出版社，2013 年。
7. 林语堂：《林语堂精选集》，北京：北京燕山出版社，2009 年。
8. 张爱玲：《张爱玲典藏全集》，哈尔滨：哈尔滨出版社，2003 年。
9. 张爱玲：《张爱玲散文全编》，海拉尔：内蒙古文化出版社，1995 年。
10. 鲁迅：《鲁迅全集》，北京：人民文学出版社，1981 年。
11. 周鹏飞主编：《中国现代小说精品 · 沈从文卷》，西安：陕西人民出版社，1996 年。
12. 老舍：《断魂枪》，北京：京华出版社，2005 年。
13. 曹禺：《曹禺选集》，北京：人民文学出版社，2002 年。

三、当代文学

1. 舒婷：《舒婷的诗》，北京：人民文学出版社，1994 年。
2. 顾城：《顾城的诗》，北京：人民文学出版社，2010 年。
3. 海子：《海子抒情诗新编》，北京：作家出版社，2016 年。
4. 海子：《海子的诗》，北京：人民文学出版社，1995 年。
5. 余光中著，刘登翰、陈圣生选编：《余光中诗选》，北京：中国青年出版社，2000 年。

6. 席慕蓉：《席慕蓉经典作品》，北京：当代世界出版社，2007 年。

7. 宗白华著，殷曼楟编：《宗白华中西美学论集》，南京：南京大学出版社，2009 年。

8. 汪曾祺著，汪朝选编：《随遇而安：汪曾祺散文》，杭州：浙江文艺出版社，2014 年。

9. 贾平凹著，菡萏、王川编：《贾平凹散文精选》，西安：陕西人民出版社，1992 年。

10. 余秋雨：《文化苦旅》，上海：东方出版中心，2006 年。

11. 林清玄：《不辩，是一种智慧》，北京：九州出版社，2017 年。

12. 莫言：《蛙》，上海：上海文艺出版社，2012 年。

13. 陈忠实：《白鹿原》，北京：人民文学出版社，1993 年。